KB069100

주식 투자를 해 볼까요!

벤저민 그레이엄이 들려주는 주식 이야기

17
경제학자가 들려주는
경제 이야기

고전 속 경제,
교과서와 만나다

벤저민 그레이엄이 들려주는
주식 이야기

주식 투자를 해 볼까요!

안동훈 지음 · 조규상 그림

|주|자음과모음

지금은 물건을 만들어서 파는 기업들이 있기에 우리는 옛날과는 다른 모습의 삶을 살고 있습니다. 불과 100년 전만 해도 우리의 할아버지와 할머니는 지금 우리가 누리고 있는 세상과는 전혀 다른 삶을 사셨습니다. 지금은 생활이 편리해진 건 물론이거니와 수많은 정보와 전 세계에서 일어나는 일들을 실시간으로 알 수 있게 되었습니다.

100년 전에 말과 마차가 있었다면 지금은 멋있는 자동차와 하늘을 나는 비행기, 호텔과도 같은 호화 유람선이 있고, 토끼가 산다던 달조차 사람이 실제로 가 보면서 생물이 살 수 없는 황무지라는 걸 알게 되었습니다.

이렇듯 우리 삶은 인류 역사상 최근 100년 동안 가장 빠른 발전을 보여 주고 있습니다. 이는 자본주의의 핵심인 기업이 있었기에 가능하지 않았나 싶습니다.

기업은 단순히 의식주에 필요한 물품을 생산하는 데에서 벗어나

다양한 일을 하면서 인류 생활의 발전에 기여하며 성장하고 있습니다. 이에 가능성을 본 사람들은 기업에 투자하기 시작했고, 이렇게 투자를 받은 기업들은 투자 자금으로 기업을 운영하면서 투자자들에게 막대한 이윤을 돌려주기 시작했습니다.

기업의 성장에 따른 배당이 투자자들에게 주어진다는 것을 대중이 알게 되면서 기업에 대한 투자관이 긍정적으로 발진하게 되었습니다. 이러한 긍정적인 투자관이 주식 시장의 발전을 불렀지만, 때론 무리한 주식 투자로 투자자가 쓰라린 실패를 경험하기도 합니다.

이렇게 주식 시장에서 투자를 하는 동안 수많은 전문가들과 초보 투자자들은 투자의 원칙에 대해 눈을 뜨게 되었고 투자 원칙과 투자 전략이 얼마나 중요한지도 알게 되었습니다.

이 책의 주인공인 벤저민 그레이엄은 바로 이들에게 매우 중요한 인물로, 투자자가 현명하게 투자할 수 있도록 주식의 성경이라 불리는 『현명한 투자자(The Intelligent Investor)』라는 책을 저술했습니다. 이 책은 지금도 투자자들에게 읽히고 또 읽히고 있지요.

벤저민 그레이엄은 그의 책에서 투자와 투기에 대해 중요하게 다루었습니다. 투자자가 욕심이 많으면 투기적 행위를 하기 때문에 이를 막고자 했습니다. 그는 가장 중요한 투자 전략으로 가치 투자, 분산 투자, 포트폴리오, 안전 마진 등을 언급하면서도, 마지막에는 거창한 투자 전략보다 주식 투자를 하는 투자자들의 마음에 대해 재차 중요성을 강조했습니다.

투자 자금은 기업의 발전을 위해서 이용되어야 합니다. 투자자 또한 기업의 발전을 어느 정도 기다려 줄 수 있어야 하며, 주가가 오른다고 짧은 기간 동안 사고팔며 이윤을 내는 행위는 해당 기업과 그 기업에 직간접적으로 관련된 많은 직원들 및 그 가족들에게 불안함만 주게 됩니다.

벤저민 그레이엄의 제자로서 살아 있는 위대한 투자자인 워런 버핏은 주식을 소유할 목적으로 매수 또는 매입을 하고 이를 아주 오랫동안 보유 또는 완전 소유를 하는 것으로 유명합니다. 그리고 해당 기업의 CEO와 직원들을 믿고 기업의 발전을 바라보곤 합니다. 이러한 워런 버핏의 인내는 기업의 발전을 돕고 이는 곧 투자자들에게 막대한 이익을 줍니다.

우리는 올바른 주식 투자에 대해 배워야 합니다. 그러지 않고 어른이 되어 투기자로서 주식 투자를 하게 되면 열심히 모은 돈을 모두 잃게 될 수 있습니다. 주식 투자를 알기엔 이른 나이일 수도 있지만, 어렸을 때부터 올바르고 현명한 주식 투자에 대해 공부해 두면 어른이 되었을 때 잘못된 판단을 막을 수 있을 뿐만 아니라 현명한 투자자로서 기업과 사회에 이바지할 수 있게 될 것입니다.

자, 여러분! 이제부터 현명한 투자자 벤저민 그레이엄의 주식 투자 세계로 가 보기로 하겠습니다.

안동훈

자신이 저축한 자금을 증식시키기 위해 다양한 형태의 자산을 구입하는 것을 투자라고 한다. 투자는 금융 자산이나 실물 자산의 구입을 의미한다. 여유 자금을 은행에 예금하거나 펀드에 가입하는 것은 금융 자산에 투자하는 것이고, 부동산을 구입하는 것은 실물 자산에 투자하는 것이다. 수익을 기대하고 자산을 구입하는 투자는 미래의 불확실성으로 인해 이익이 날지 손해가 날지 알 수 없다. 이를 가리켜 투자의 위험이라고 한다.

고등학교	경제	VI. 경제생활과 금융 4. 자산 관리의 원칙과 금융 상품의 특성 1) 자산 관리의 고려 사항 2) 다양한 금융 상품

주식은 다른 어느 금융 상품보다 시장 가격의 변동에 따른 위험이 큰 상품이다. 따라서 주식 투자는 잘만 하면 높은 수익을 얻을 수 있지만 잘못하면 원금도 손해 볼 수 있는 위험 부담이 큰 투자이다. 특히 국내외의 기관 투자가들에 비해 정보력이나 전문성이 크게 뒤떨어지는 일반 투자자가 주식 투자를 통해 높은 수익을 올리는 것은 결코 쉬운 일이 아니다. 따라서 주식에 대한 투자는 직접 투자보다는 간접 투자를 통해 위험을 줄일 필요가 있다.

	세계사	벤저민 그레이엄	한국사
1894	프랑스 드레퓌스 사건, 청일 전쟁	런던 출생	동학 농민 운동, 갑오개혁
1895			을미사변
1896	제1회 하계 올림픽 경기 대회 개최		
1905			을사조약
1914	제1차 세계 대전 발발	컬럼비아 대학 졸업	신민회 사건
1919	베르사유 조약	연봉 60만 달러 펀드 매니저로 활약	
1920			김좌진, 청산리 대첩
1922	소비에트 사회주의 공화국 연방(소련) 구성, 오스만 제국 해체		
1927		컬럼비아 대학에서 증권 분석 강의	
1929	세계 공황		
1934		『증권 분석』 발간	
1936		Graham-Newman corp 설립	손기정, 베를린 올림픽 마라톤 우승
1940	제2차 세계 대전 발발		일제의 민족 말살 정책 강화로 일본식 성명 강요
1945	원자 폭탄 투하		8·15 광복
1949		『현명한 투자자』 집필	
1950	6·25 전쟁	워런 버핏을 자신의 회사에 채용	6·25 전쟁
1964	미국 케네디 대통령 암살		
1971	아폴로호 달 착륙		
1976		사망	

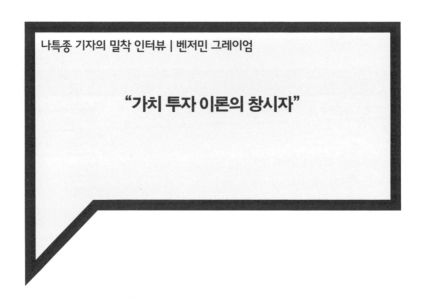

"가치 투자 이론의 창시자"

교과서에는

투자는 크게 두 가지 의미를 가지고 있습니다. 하나는 국민 경제적 의미에서의 투자로 공장을 짓거나 기계를 만드는 것과 같이 자본재를 증가시키는 활동을 말합니다. 개인적인 의미의 투자는 부동산을 구입하거나 펀드에 가입하는 등 자신이 보유한 여유 자금의 가치를 증식시키려는 활동을 말합니다.

안녕하세요. 나특종 기자입니다. 오늘은 주식 투자에 대해 이야기하려고 합니다. 주식 투자 하면 가치 투자라는 말을 듣게 되는데요, 이 가치 투자 이론의 창시자인 벤저민 그레이엄 선생님을 모시고 이야기를 나누고자 합니다. 선생님과 인터뷰를 한다고 생각하니 시작부터 설렙니다. 선생님, 간단한 인사 말씀 부탁드립니다.

안녕하세요. 나는 여러분과 주식 투자 수업을 할 벤저민 그레이엄입니다. 여러분 누구나 많든 적든 경제 활동을 하는데, 어렸을 때부터 현명한 투자 습관을 길러야 합니다. 그래야 어른이 되어서도 올바른 투자 습관을 가지게 되지요. 그래서 저는 여러분에게 현명하게 투자하는 습관과 가치 투자 이론에 대해 가르쳐 드리려고 합니다.

  네, 감사합니다. 선생님께서 뛰어난 주식 투자자가 되기까지 남다른 가정 환경이 있으셨을 텐데요, 어떠셨나요? 어린 시절 이야기를 해 주셨으면 합니다.

  나는 1894년 영국 런던에서 태어났습니다. 우리 집안은 대대로 유럽에서 도자기 무역상을 했습니다. 그리고 사업 확장을 위해 미국에 회사를 설립하게 되어 우리 가족은 미국으로 이주하게 되었지요. 그런데 아버지가 너무 일찍 돌아가셔서 우리 가족은 생계가 어려웠습니다. 어머니가 하숙업을 하셔서 나는 날마다 집안일을 도우면서 공부를 해야 했습니다.

  당시 어머니가 주식 투자를 했는데 그 회사가 파산(재산을 모두 잃고 망한다는 뜻입니다)하면서 우리 집안이 경제적으로 몹시 어려웠던 게 기억이 납니다. 그때 내가 아마 열세 살이었을 거예요. 아직 어렸지만, 나는 이후 생계를 위해 어머니의 일을 돕기도 하고 아르바이트도 하면서 학업을 계속했습니다. 고등학교를 최우수 학생으로 졸업한 뒤 컬럼비아 대학에 들어가게 되었죠.

  선생님은 컬럼비아 대학교에서 천재성을 인정받아 어린 나이임에도 불구하고 대학 교수직에 추천을 받았다고 들었습니다. 그런데 선생님은 이를 물리치고 금융 전문가의 길을 걷게 되셨지요. 쉽지 않은 선택을 하셨습니다.

  맞습니다. 나는 대학 교수직에 추천받았습니다. 컬럼비아 대학

월 가
미국 뉴욕 맨해튼 섬 남쪽 끝에 있는 금융 밀집 구역입니다. 세계 금융 시장의 중심가로 상징되는 곳입니다.

문학과, 철학과, 수학과 세 곳에서 동시에 추천받았지만 저에게는 또 다른 꿈이 있었습니다. 바로 월 가에 진출하는 것이었지요. 수식 투자에 관심이 많았기에, 나는 졸업 후 곧바로 월 가에 진출하여 이후 증권 분석가로서 활동하게 되었습니다. 그때 내 나이 스물한 살이었어요. 뭐, 펀드 매니저이죠. 스물다섯 살에는 매우 높은 연봉을 받으면서 월 가에서 인정을 받게 되었습니다. 그 당시 주식 시장은 기술적 분석에 의한 투자 방법을 채택하고 있었습니다. 하지만 저는 이러한 숫자적인 분석보다는 직접 회사를 찾아다니면서 투자할 기업들을 선정했습니다. 쉽지 않은 일이었지만 매우 재미있었습니다.

그 이후에 선생님은 컬럼비아 대학교로 돌아가 강의도 하셨고 회사도 설립하셨습니다. 이러한 활동에 대해 말씀해 주셨으면 합니다.

다니던 회사를 그만둔 뒤, 나는 대학교에서 내가 실전에서 체득한 이론을 강의하기 시작했습니다. 강의 제목이 '증권 분석'에 대한 투자론이었습니다. 몇 년 뒤에는 회사를 설립하게 되었습니다. 우리 회사는 내가 은퇴할 무렵까지 20년 동안 연평균 수익률이 14퍼센트를 넘었습니다. 당시 시장 수익률이 평균 12퍼센트였으니 대단하죠. 여러분, 나중에 배우겠지만, 복리의 마술이라는 게 있습니다. 여러분에게 100만 원이 있다고 합시다. 연 수익률 14퍼센트를 낼 수 있는 대상에 투자를 하면 몇 년 만에 두 배가 될 수 있을까요? 딱 5년이면 200만 원이 됩니다. 여러분이 100만 원을 우리 회사에 20년간

맡겼으면 대략 1340만 원이 되었다는 얘기입니다.

　대단합니다. 그렇다면 그러한 수익이 나올 수 있었던 비결이 무엇입니까?
어차피 강의 시간에 자세히 말씀해 주시겠지만 조금만 알려 주시면 안 될까요?

　당시 주식 투자는 기술적 분석에 치중하다 보니 체계적인 기본적
분석이 부족했습니다. 우리는 기업을 일일이 찾아다니며 좋은 기업
을 발굴했습니다. 특히 기업들은 거의 대부분 부채가 있
는데, 우리는 만약 회사를 정리하더라도 주주들에게 이
익을 줄 수 있는, 현금 보유력이 강하면서 대중에게 저평
가받고 있는 회사를 선호했습니다.

　이 무렵 우리 회사에 입사한 직원 하나가 매우 뛰어났어요. 그 친

부채
다른 사람에게 진 빚을 의미합
니다.

구가 저보다도 실력이 낫더라고요. 그래서 내가 은퇴할 때 그 친구한테 회사를 맡기기도 했습니다. 대단한 친구죠!

아니, 선생님보다 뛰어난 사람이 있다는 말인가요? 그 사람이 누구입니까?

지금은 나보다 더 유명하죠. 하하하.

워런 버핏이라고 들어 보았죠? 네, 맞습니다. 그 친구입니다. 그는 내 강의를 무척이나 좋아한 데다 나의 가치 투자 이론을 성실히 수행한 수제자라고 해도 과언이 아닐 겁니다. 그에 대해서 궁금하면 직접 그의 강의를 들어 보세요!

워런 버핏
미국의 기업인이자 투자가입니다. 뛰어난 투자 실력과 기부 활동으로 인해 오마하의 현인이라고 불리기도 합니다.

투기
기회를 틈타 큰 이익을 보려고 하는 행위를 말합니다.

네, 알겠습니다. 선생님은 주식 투자자들에게 유명한 책을 두 권 남기셨습니다. 그중 가장 유명한 저서인 『현명한 투자자』는 불후의 명작으로 꼽힙니다. 그 책에 대해 이야기를 좀 해 주십시오.

초보자나 전문가나 쉽게 읽을 수 있게 가치 투자 이론을 정리한 책입니다. 그 책에서 특히 강조하고 싶은 점이 있었습니다. 서두에서부터 나오는 얘기인데요, 투자와 투기는 분명히 다르다는 점입니다. 일반적으로 주식 투자를 투기로 하여 실패하곤 합니다. 나는 이러한 문제점에 대해 지적했고 이에 대처할 수 있는 자세와 방법을 제시했습니다. 그것이 바로 『현명한 투자자』의 주요 내용이지요. 우리는 누구나 현명한 투자를 할 수 있습니다. 하지만 투기적 관점에서 주식 시장에 접근하게 되면 어느덧 어리석은 투기자가 됩니다.

이에 대해 저는 안타까움을 금치 못하겠습니다.

　잘 알겠습니다. 자세한 내용은 강의를 통해 말씀해 주시면 좋을 것 같습니다. 강의가 참 흥미로울 것 같아 기대됩니다. 마지막으로 우리 청소년들에게 한 말씀 해 주시지요.

　많은 사람이 부자가 되고 싶어 합니다. 그런데 그런 부자가 되기 위해 너무나 쉽게 생각하고 접근하는 것이 대중이라면, 부자가 되는 사람들은 대중과는 반대로 어렵게 돈을 벌려고 합니다. 그리고 원칙과 소신, 기업과 사회를 생각하며 돈을 벌고 쓰려고 하지요. 이는 부를 더욱 순환시켜 부자로 하여금 더 큰 부자가 되게 합니다. 이는 경제 시스템에도 적용됩니다.

　청소년 여러분, 주식 투자는 사회에 투자하는 기본적인 경제 활동이자 경제를 순환시키는 원천 행위이기도 합니다. 이러한 중요한 행위에 개인적인 욕심만 부리게 되면 경제 시스템은 문제를 일으키게 되고 그 문제는 우리에게로 넘어오게 됩니다. 나는 이에 여러분이 지금부터 기업과 사회에 도움이 되는 올바른 자세를 가지길 바라며, 더불어 개인의 부를 더욱 크게 가지고 가길 진심으로 바라는 바입니다.

　좋은 말씀 감사합니다. 이것으로 벤저민 그레이엄 선생님과의 인터뷰를 마치고 본격적인 수업에 들어가도록 하겠습니다. 지금까지 나특종 기자였습니다.

역사로 알아보는 재미있는 거품 경제

버블 현상(bubble phenomenon)의 버블은 거품이란 뜻입니다. 경제적으로는 투자, 생산 등 실물 경제가 활발히 움직이지 않는데도 물가가 오르고 부동산 투기가 심해지고 증권 시장이 과열되는 등 돈의 흐름이 활발해지는 현상을 말합니다. 실체가 없이 가격이 오르기 시작하면 그것이 많은 사람들의 투기를 유발하여 가격 상승이 지속되지만, 이윽고 거품이 터지듯 급격히 원래의 상태로 되돌아가게 되지요. 다시 말해 버블은 비이성적인 투기 행위이자 경제 현상인데요, 이에 대해 알아 봅시다.

네덜란드의 튤립 열풍

우리는 잘 모르지만 역사적으로 버블은 수없이 많았습니다. 경기는 사이클을 보여 줍니다. 상승이 있으면 하락이 있습니다. 이 중에서 상승 폭이 지나치게 높은 부분이 버블에 해당하게 됩니다. 버블 시기에는 경제에 대해 성장 지속적으로 생각하는 경향이 있고 다소 지나치게 경제를 과대평가하게 됩니다. 반면에 경제의 하락이 지속적으로 진행되면 과소평가하는 경향이 생기면서 점차적으로 하락의 폭이 매우 커지게 됩니다. 이를 우리는 폭락이라고 합니다.

그러면 세계 역사상 큰 버블로 어떤 것이 있었는지 소개하고자 합니다.

1634~1637년에 발생한 네덜란드의 튤립 열풍은 가히 대단했습니다. 당시 유럽에서는 전 세계를 상대로 한 무역의 발달 및 항해를

동인도 회사
17세기에 유럽 각국이 인도 및 동남아시아와 무역하기 위해 동인도에 세운 무역 독점 회사입니다.

통한 신대륙 발견이 활발히 이루어지고 있었고, 네덜란드에서는 **동인도 회사**가 무역을 중심으로 급성장하고 있었습니다.

우리가 최근 재미있게 보았던 〈캐리비안의 해적〉에서도 동인도 회사가 나옵니다. 근세 바다를 배경으로 하는 영화에 종종 나오는 단어이지요. 동인도 회사는 17세기부터 19세기까지 유럽의 나라들이 동남아시아와의 무역과 식민지 개척을 위해 세운 회사입니다. 네덜란드, 영국, 프랑스 등이 당시 동인도 회사를 운영했습니다. 참고로 서인도 회사도 있습니다. 1621년 네덜란드가 아프리카 서안과 아메리카 연안의 무역을 독점하기 위해 세운 회사이지요.

이렇듯 당시 유럽은 서유럽 국가들을 중심으로 중국을 비롯한 아시아와의 무역을 위해 활발하게 움직였고, 이렇게 얻은 재화를 통해 신대륙 발견도 할 수 있었습니다. 신대륙은 유럽인들에게 꿈을 주었습니다. 우선 유럽 국가의 통치자들이 막대한 금을 가질 수 있었습니다. 그리고 유럽 사람들은 오랜 전쟁과 질병, 가난을 대물림해 온 자국보다 자원이 풍부한 신대륙에 대한 동경을 품고 전 세계로 뻗어 나갔습니다.

사실 유럽인들의 신대륙 발견은 우연히 이루어졌습니다. 아프리카를 빙 돌아 중앙아시아, 중국과 인도를 비롯한 전 아시아를 상대로 무역을 하는 것이 주목적이었던 유럽인들은, 우연히 해류의 방향을 잘못 잡아 대서양으로 항해해 갔고 그 배가 도착한 곳이 우리가 알고 있는 신대륙, 아메리카 대륙입니다. 이 대륙을 발견한 사람이 유명한 콜럼버스라는 것은 잘 알 것입니다. 참고로 콜럼버스의 신대륙 발견을 새로운 땅의 발견으로 한정하는 건 너무 의미가 약합니다. 콜럼버스의 항해를 통해 과학적으로 해류에 대한 깊은 이해를 할 수 있었습니다. 그 당시만 해도 대서양을 가로지르는 해류는 없다고 알려졌는데, 콜럼버스가 우연히 이 해류를 발견했고 이로써 오늘날의 미국이 생기게 된 것입니다. 그뿐이 아닙니다. 유럽인들이 해류에 대해 이해하면서 태평양까지 뻗어 가게 되었고, 이로써 전 세계가 서구 열강의 식민지가 되었습니다.

다시 튤립 이야기로 돌아가겠습니다. 이때 네덜란드는 유럽 국가 중 가장 잘사는 나라였습니다. 이 나라의 튤립은 부의 상징이기도 해서, 귀족들에게는 없어서는 안 될 장식품이자 사치품이었습니다. 문제는, 튤립 한 송이의 가격이 약 1.2길더에서 시작하여 2년이 지났을 때는 50배인 60길더까지 상승했다는 것입니다. 지금의 화폐로 환산하면 한 송이에 대략 1억 원이었던 것이지요. 그런데 그 튤립 가격이 1년도 채 안 되어 한 송이에 0.1길더로 대폭락을 했습니다. 그야말로 극단적인 상승과 하락이었지요. 이 경우는 근대사와 현대사에서 나타날 수 있는 새로운 산업의 태동을 위한 과대평가에서 나온 것이 아니라 단순히 투기적 관점에서 나타난 행위였기에 버블과 대폭

1634년 경, 네덜란드에서 일었던 어마어마한 튤립 열풍의 주인공인 튤립

락은 가히 위력적이었습니다.

오늘날의 LCD TV를 예로 들어 보겠습니다. 어떤 새로운 상품을 사고자 하는 사람이 많고 물건 수량은 제한적이라면 상품의 가치는 높아지게 됩니다. LCD TV가 나올 당시 예전 TV에 비해 화질과 화면이 매우 우수하여 많은 소비자들이 사고 싶어 했습니다. 다만 가격이 비싸서 쉽게 살 수 없었지요. 그래도 누군가는 이 LCD TV를 사게 됩니다. 최고가에! 하지만 이 LCD TV를 구매한 사람은 절대로 높은 가격이라고 생각하지 않습니다. 왜냐하면 이후에도 이 LCD TV의 가치는 높아질 거라고 기대하기 때문입니다. 그런데 이 LCD TV

를 다른 여러 회사들도 만들어 내면서 가격과 제품에서 차이를 두게 됩니다. 처음에 LCD TV를 구입하지 못했던 사람들은 이때 유사한 제품을 낮은 가격에 사기 시작하고, 어느 정도 공급이 이루어지면서 상품 가격은 낮아지게 됩니다. 왜냐하면 구매자는 다소 부족하더라도 비슷하다면 저가의 제품을 구입하고자 할 것이고, 이를 판매하는 판매자는 대량으로 판매할 수 있어서 수익을 챙길 수 있기 때문이지요. 이러한 구조가 자리 잡으면서 이 LCD TV들은 다수의 손에 들어가게 되고, 일정 시기가 지나면 더 좋은 TV가 나오면서 LCD TV의 구매를 원하는 사람들이 줄게 됩니다. 이때까지도 LCD TV의 가격은 크게 하락하지 않지만, 이후 TV를 구매하고자 하는 사람이 다른 제품으로 옮겨 가기 시작하면서 종전의 LCD TV는 급격하게 가격이 하락하게 됩니다. 아주 빠르게!

이는 실제로 일어난 이야기로, 모든 제품의 가격과 수요와 공급의 흐름은 이 LCD TV의 경우처럼 흘러가게 됩니다. 참고로 LCD TV의 가격은 많이 떨어졌고, 이후 LED TV, 스마트 TV 등 다양한 기능과 초고화질, 그리고 최고의 기술이 집약된 TV 제품들이 출시되었습니다. 이예 말고도 삐삐, 휴대폰이 대표적인 사례가 아닐 수 없을 것입니다.

결론적으로 소비 제품의 희소성이 상실되거나 다양한 유사 제품이 나오면 가격 하락이 불가피하다는 점은 예나 지금이나 같다는 것을 알 수 있습니다.

전쟁을 부른 버블, 미국 대공황

1929년 10월 24일 목요일, 뉴욕 월 가는 주가의 대폭락으로 혼란에 휩싸이게 되었습니다. 미국 연방 준비은행이 1929년 8월부터 금리를 6퍼센트대로 올리면서 증권 거래업자에 대한 금리 즉 대출 금리가 20퍼센트로 인상되었습니다. 당시 증권 거래업자들은 대출을 받아서 투자 자금을 마련했기에 대출 금리가 높다는 것은 그만큼 적지 않은 부담이 될 수밖에 없었습니다. 연 20퍼센트의 금리라면 1년에 20퍼센트 이상의 수익을 내야 한다는 것으로서 실제로 엄청난 부담이 아닐 수 없었을 것입니다.

금리
빌려 준 돈이니 예금 따위에 붙는 이자입니다.

증권 거래업자
개인 투자자를 비롯한 증권업에 투자하는 모든 사람들

사실상 빚을 가지고 주식 투자를 하기가 불가능해지면서 당시 주식 투자자들은 무조건 주식 시장에서 빠져나오는 것 말고는 다른 탈출구가 없다고 판단했고, 거대한 투자자들을 선두로 개인 투자자들까지 주식 시장에서 빠져나오기 위해 가지고 있는 주식을 모두 팔려고 했습니다. 그 정점의 날이 바로 1929년 10월 24일로, 그날 주가는 급격한 폭락이 불가피했습니다.

주식 시장은 투매로 10월, 11월 두 달간 1600억 달러의 재산 손실이 발생했으며, 이는 제2차 세계 대전 기간 동안에 생산된 물자를 합친 금액과 맞먹는 것이었습니다. 월 가의 이 사건은 경제 공황의 대표적인 사례라고 할 수 있습니다.

이야기를 더 해 나가기 전에 경제 공황의 정의에 대해 알아보도

록 하겠습니다. 경제 공황이란 경제 순환 과정에서 나타나는 경제 혼란 현상을 말합니다. 상품의 생산과 소비의 균형이 깨지고 산업이 침체하고 금융 상태가 좋지 않으며 파산이 속출하여 국민들의 마음이 안정되지 못하는 상태가 지속되는 상황을 말하지요. 대개 천재지변 즉 대지진, 홍수 등의 자연 재해 때문에 생산이나 공급이 제대로 돌아가지 않으면서 때론 물품의 과잉, 때론 부족으로 국민들의 경제 형편이 어려워지는 것을 말합니다.

　하지만 이 책에서 다루고자 하는 경제 공황은 천재지변에 의한 공황이 아니라 인위적으로 나타난 경제 공황입니다. 그 대표적인 공황이 1929년에 일어난 미국의 대공황입니다. 미국에서 일어난 대공황은 혼란을 넘어 제2차 세계 대전이라는 끔찍한 결과를 초래했기에, 역사적으로 가히 파괴적이었다고 말하지 않을 수 없습니다.

자, 다시 월 가의 대공황이 어떻게 진행되고 전쟁으로 치닫게 되었는지 설명하겠습니다.

담보
채무를 이행하지 못할 때 채무의 변제를 확보하는 수단으로 채권자에게 제공하는 것을 의미합니다.

주식 시장에서 자금이 빠져나가자 기업의 가치는 떨어졌고 주식을 담보로 자금을 운영한 기업들은 자산 가치의 하락과 높은 대출 이자 그리고 대출금으로 하루아침에 문을 닫는 사례가 수없이 발생했으며, 직장을 잃어버린 수많은 실업자와 가족들은 거리로 거리로 나오게 되었습니다.

문제는 이게 미국만의 문제가 아니었다는 점입니다. 당시 미국은 제1차 세계 대전의 주 채권국이었습니다. 자국의 어려움 때문에 돈을 회수할 수밖에 없게 된 미국은 세계 여러 국가들에 빚 독촉을 하게 되었고 이로 인해 세계는 엄청난 혼란에 빠질 수밖에 없었습니다.

예를 들어 영국과 프랑스는 독일로부터 제1차 세계 대전의 배상금을 받아 미국에 채무 변제를 하려고 했습니다. 하지만 전쟁의 후유증이 심한 독일로서는 이를 도저히 감당하기 힘들었고, 결국 우리가 잘 아는 히틀러 독재 즉 파시즘을 낳게 되었습니다. 즉, 영국과 프랑스는 빚 독촉 즉 뉴딜 정책이라는 자국을 먼저 생각하는 자유 경제 체제 정책을 추구하는 미국에 맞닥뜨려 뚜렷한 해결책을 내지 못한 채 오히려 독일에 대한 심한 착취, 다시 말해 자국에 이익이 될 만한 것을 빼어 가는 형식을 취함으로써 독일 경제는 더욱 극심한 어려움을 겪게 되었습니다. 독일뿐만 아니라 다른 여러 국가들도 마찬가지 상황이 되면서 세계 곳곳에서 파시즘이 일어나게 되었고, 이때 독일 이탈리아 일본이 **방공 협정**을 맺으면서 세계는 또다시 전쟁을 맞이하게 되었습니다.

주식 시장에서의 재앙은 실물 부문에도 지대한 타격을 가했습니다. 주식 시장의 붕괴로 소비와 수요가 급격하게 감소하게 되었고 이는 주가 폭락을 더욱 부채질하였습니다. 이후 1930년 가을에 발생한 예금 대량 인출 사태(bank run)는 총수요의 감소를 더욱 악화시켰습니다. 예금 대량 인출 사태란 은행의 지급 능력에 대한 불신이 확대되면서 예금자들이 은행에 맡긴 예금을 대거 현금으로 인출하려 드는 사태를 말합니다.

일시에 예금 인출 사태가 발생하면서 재무 상태가 건전한 은행들도 파산에 직면할 수밖에 없게 되자, 당시 루스벨트 대통령은 전국적으로 은행 휴업 조치까지 취하면서 은행의 안정화에 힘을 썼습니다. 1930년에서 1933년까지 미국의 은행들 중 1/5은 문을 닫게 되었습니다.

세계 대전이 일어날 정도의 버블 즉 미국의 대공황은 왜 일어난 것일까요?

당시 미국은 제1차 세계 대전의 수혜자로서 활황을 누리고 있었습니다. 이 무렵 미국 금융의 아버지 폴 와버그는 이렇게 경고했습

방공 협정

1936년에 공산주의 세력의 침입을 방지하기 위하여 일본과 독일이 체결한 협정입니다. 이듬해 이탈리아와 에스파냐, 헝가리가 가담했는데, 공산주의자들의 국제 조직인 제3인터내셔널에 대항하기 위한 것이었습니다.

교과서에는

뱅크 런이 발생하면 금융 기관은 지불 불능에 처하고 금융 시스템 전체가 위기에 빠질 수도 있습니다.

니다. "절제를 모르고 계속 욕심을 키워 갈 경우 최종 결과는 투기하
는 당사자뿐만 아니라 전국을 위기로 몰고 갈 것이다"라고요.

　미국은 소비 사이클의 정점을 찍고 있었습니다. 신기술 혁명으로
인해 자동차와 대형 제조사들이 활황을 맞이하게 되었습니다. 1914
년에서 1928년 사이에 자동차 보급률이 가계의 10퍼센트에서 90퍼
센트로 상승했고, 당시 미국 GM의 주가는 1922년에서 1929년까지
연평균 수익률이 무려 57퍼센트에 육박하고 있었습니다.

버블이 남긴 교훈은 무엇인가?

우리는 역사적으로 가장 규모가 컸던 거품 경제의 사례 두 가지를 알아보았습니다. 역사적으로 위의 두 가지 사례 말고도 수없이 많은 크고 작은 거품 경제 사례들이 과거에도 있었고 지금 우리의 현실에서도 계속해서 발생하고 있습니다.

거품 경제, 즉 버블은 사람들이 살아가는 의지마저 꺾기도 하고 때론 극단적인 상황을 만들기도 합니다. 모든 일에는 원인과 결과가 있게 마련이지만, 결론적으로 말한다면 거품 경제란 사람들의 끊임없는 탐욕이 모여서 만들어 낸 슬프고도 추악한 경제의 산물이라고 볼 수 있습니다.

직장이 없고 돈도 없는 사람들이 거리에 점점 늘어나고 아이들은 제때 밥을 먹지 못하며, 수많은 기업들이 문을 닫고 은행들도 파산하면서 경제가 경제로서의 기능을 완전히 상실하고 정치마저 뚜렷한 대안을 내놓지 못하는 상황이 바로 버블이 주는 붕괴입니다.

버블이 남겨 주는 교훈은 지나친 욕심으로 발생할 수 있는 추락하는 삶일 것입니다. 이를 극복하기 위해 사람들은 엄청난 노력을 기울여야 합니다. 하지만 역사적으로 사람들은 이를 잘 극복해 왔고 오히려 위기가 또 다른 기회를 만들어 내면서 세상은 밝아지곤 했습니다.

버블을 추악한 경제라고만 할 수는 없습니다. 사람들은 버블의 위기를 극복하고 일어나 또 다른 세상을 만들기 때문에, 버블에는 양면성이 있다고 하여도 과언이 아닐 것입니다.

왜냐하면 모든 자산 가치가 대폭락할 때 이를 기회 삼아 과감하게 투자한 사람들이 오늘날의 슈퍼리치이기 때문입니다. 슈퍼리치란 말 그대로 엄청난 부자를 일컫는 말입니다. 이들은 전 세계 경제를 움직이는 사람들입니다. 워런 버핏, 로스차일드, JP모건, 소로스, 앤드루 카네기, 빌게이츠 등이 이에 해당하는 사람들입니다.

전 세계의 슈퍼리치들은 경제가 혼란할 때 더욱더 자산을 매입하는 경우가 많았습니다. 다시 말해 좋은 자산을 헐값에 사들여서 오랫동안 소유하거나 자산 가치가 상승할 때 매각해 큰 이익을 챙기는 투자를 함으로써 막대한 부를 창출하고 유지합니다.

이것이 바로 버블의 양면성입니다. 누군가에게는 위기이고 누군가에게는 기회로 작용하기 때문에, 무조건 버블 경제의 한쪽 면만을 보고 분석할 수 없습니다. 투자자들은 위기와 기회를 모두 알아야 합니다. 위기에 대한 대처 방안과 기회를 통한 자산 가치 극대화를 노리는 두 가지 투자 전략을 구사해야 거품 경제 즉 버블에 현명하게 대응할 수 있습니다.

주식회사에 대해 알고 싶어요

주식 투자는 우리가 생각하듯이 잘못된 행위가 아닙니다. 주식 투자가 있었기에 불과 몇백 년 만에 수억 년 인류 역사상 가장 번성한 시대를 맞이했고 여러분이 이러한 세상에 살게 되었다고 해도 과장이 아닐 것입니다. 따라서 주식 투자가 무엇인지 모른다면 경제를 이해할 수 없게 되는 만큼 우리는 주식 투자에 대해 알아야 합니다. 우선 주식 투자가 무엇인지 알아보기에 앞서 주식회사의 설립 배경을 먼저 살펴봅시다.

주식회사란 무엇인가?

주식 투자를 하기에 앞서 주식회사가 무엇인지 알아야 합니다. 여러
분이 알고 있는 대부분의 회사들은 주식회사 형태를 갖추고 있습니
다. 주식회사란 주식 발행을 통해 여러 사람으로부터 자본을 조달받
는 회사입니다. 여러 사람이 자본을 모아 회사를 설립하면서 그 회사
의 소유권을 나누어 가지는 형태의 회사이지요. 7인 이
상의 주주가 유한 책임 사원이 되어 설립하는 회사로서
자본과 경영이 분리되는 회사의 대표적 형태입니다.

> **주주**
> 주식을 가지고 직간접적으로 회
> 사의 경영에 참여하고 있는 개인
> 이나 법인을 뜻합니다.

　　여러분이 회사를 설립한다고 예를 들어 봅시다. 회사
를 설립할 때 가장 필요한 것이 무엇일까요? 그것은 회
사를 운영할 자금입니다. 이 자금을 본인이 스스로 마련할 경우 대
개 주변 사람들로부터 구하게 될 것입니다. 이 자금을 투자 형태로

받을 수도 있고 돈을 빌릴 수도 있을 테지요.

그러나 회사를 설립하기 위해 남의 돈까지 빌린다는 것은 대단히 위험합니다. 그래서 회사를 설립하고자 하는 많은 사람들이 돈이 많은 사람이나 단체, 회사로부터 자금을 유치하게 됩니다.

이때 발생한 돈을 투자 자금이라고 하고 이를 지급한 사람을 투자자 또는 주주라고 합니다. 만약 단체 또는 회사일 경우 법인 투자자(기관 투자가)라고 하며 외국인이 투자했다면 외국인 투자자라고 하게 됩니다.

투자자(주주)들은 투자 자금 대신 무엇인가 받기를 원합니다. 그래서 회사에서는 투자자가 투자한 만큼 주식이라는 증서를 발행하게 되는데, 이때 투자자마다 투자 금액이 다르기 때문에 투자자가 가질 수 있는 증서 또한 달라질 수 있습니다.

이때 발행되는 증서를 주식이라고 하며 이 주식은 일정한 가격을 형성하기 때문에 일반 화폐의 기능을 가지게 됩니다. 이를 주식의 가격 또는 주가라고 부르지요.

여기서 중요한 것이 지분율로, 투자자가 가진 주식 수에 따라 지분율이 달라지며 지분율이 가장 큰 투자자를 대주주라고 부릅니다. 그리고 소액 단위의 주식을 가지고 있는 투자자를 소액 주주라고 합니다.

지분율이 높은 주주들은 회사의 모든 권한을 부여받게 되어 사실상 주인 행사를 하게 되며 회사의 CEO를 교체할 수 있습니다.

간혹 신문이나 TV 뉴스에 회사 주주들 간에 벌어진 법정 싸움이 보도되기도 하는데, 이는 회사에 대한 권한을 누가 더 많이 확보할 것이냐의 싸움이라고 보면 될 것입니다.

그렇다면 소액 주주는 회사의 주인 행사를 할 수 없을까요? 아닙니다. 소액 주주들 역시 자신들이 투자한 회사의 주인입니다. 단지 가지고 있는 주식 수가 적을 뿐 그 권리 행사는 대주주와 동일하게 적용됩니다.

사례를 하나 들어 보겠습니다. '한글과컴퓨터'는 한글 오피스로 유명한 회사입니다. 1998년에 회사는 방만한 경영으로 1차 부도를 낸 상태였습니다. 이 회사 경영진들은 회사를 살리기 위해 세계 오피스 시장 점유율 1위인 마이크로소프트 사와 손잡을 계획을 가지고 있었습니다. 한글과컴퓨터는 회사를 정상화시키기 위해, 마이크로소프트 사는 유독 한국에서 자사의 제품이 힘을 못 쓰기에 한글과컴퓨터의 한글 오피스 개발을 포기시키기 위해, 서로 이해가 맞아떨어져 1000~2000만 달러를 투자하기로 했습니다. 그러나 이 소식을 접한 사용자들은 한글을 제대로 이용할 수 있는 한글과컴퓨터의 워드프로세서를 절대로 포기할 수 없다고 주장했고 이를 접한 한글 학자들까지 동참하면서 사태는 점차 커지기 시작했습니다. 결국 한글 학회 등 여러 단체가 모여서 한글 지키기 운동 본부를 결성해 100억 원을 유치하게 되었고, 이 돈이 한글과컴퓨터에 투자됨으로써 한글과컴퓨터는 회생의 계기를 맞게 되었습니다. 이 100억 원은 소액 투자자들의 돈으로 만들어진 자금으로, 세계 최고의 글로벌 기업조차

소액 주주들의 열의에 결국 손을 듦으로써 한글과컴퓨터 사태는 일단락되었습니다. 결국 다윗과 골리앗의 싸움에서 다윗이 이긴 싸움이 아니었나 싶습니다. 이 회사의 소액 주주들은 그들의 권리와 책임을 다해 회사를 정상화시키는 데 결정적인 역할을 함으로써 회사를 잘못 경영한 경영진과 대주주들보다 훨씬 좋은 모습을 보여 주었고, 회사의 흥망이 모조리 대주주들에 의해 결정지어지지 않는다는 훌륭한 사례를 남겼다고 볼 수 있습니다.

여러분이 투자한 기업은 매년 연말 또는 연중에 회사가 낸 이익을 주주들에게 나누어 주게 됩니다. 이를 배당금이라고 하는데, 배당금은 주식으로 줄 수도 있고 현금으로 줄 수도 있습니다(주식 배당,

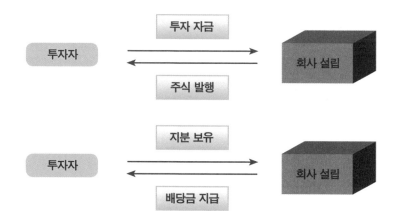

투자 자금

투자자

주식 발행

회사 설립

지분 보유

투자자

배당금 지급

회사 설립

현금 배당). 혹시 알아요? 여러분의 기업이 과자 회사라면 연말에 종
합 선물 세트를 집으로 배달해 줄지…….

주가는 언제 오르고 내릴까?

여러분! 기업의 주가는 항상 일정하게 가지 않습니다. 오르기도 하지
만 때로 떨어지기도 합니다. 주가
의 상승과 하락에는 여러 가지 요
인이 있게 마련입니다. 우선 여러
분이 알아야 할 것은 주가가 언제
오르느냐일 것입니다.

　　주가 상승 요인에는 여러 가지

상승과 하락을 반복하며 요동치는 주가

주식 시세 전광판

가 있습니다. 아무래도 가장 좋은 상승 요인은 기업이 잘되어 회사가 번창한다는 내부적 요인이겠지요. 예를 들어 신기술이 개발되었다거나 신규 투자 자금이 들어왔다는 등 기업의 발전과 이익에 도움이 될 만한 소식은 주가 상승 요인이 됩니다. 왜냐하면 회사가 잘된다는 소식은 우선적으로 기존 투자자들에게 기분 좋은 일이겠고, 신규 투자자들로서도 투자하고자 하는 확신을 세울 수 있기 때문입니다. 다시 말해 팔 사람보다 살 사람이 많아지면 주가는 상승할 수밖에 없는 것입니다.

여러분들이 투자한 기업의 제품을 여러분만이 아니라 많은 사람들이 이용하고 있다면 그만큼 여러분이 투자한 기업의 제품이 잘 팔리고 있는 것이며, 이는 매출이 늘어나고 있다는 확실한 증거일 것입니다.

반대로 기업의 이익이 나빠졌다는 소식이 들릴 때 이는 주가 하락 요인이 됩니다. 이런 요인들로는 회사가 어려움에 처해 있다는 소식, 주력 상품의 매출 감소, 신규 투자 상품의 실패, 노사 분쟁, 대표 이사의 회사 돈 횡령, 소비자와의 분쟁 등이 있습니다.

노사 분쟁
노동자와 사용자 사이에 이해관계가 충돌하면서 갈등을 빚는 현상입니다.

반면에 외부적 요인도 주가에 많은 영향을 미칩니다. 신문이나 뉴스에서 "금일 주식 시장이 급등했습니다"라는 글을 보거나 들은 적이 있을 것입니다. 이는 한 기업에 대한 기사가 아니라 전체 주식 시장의 등락을 전하는 기사입니다. 다시 말해 종합 주가 지수가 급등 또는 급락했다는 것은 대부분 기업들이 같이 주가 상승 또는 하락을 하고 있다는 것입니다.

여러 가지 원인의 영향을 받는 주식 시장

그렇다면 이렇게 전체 주식 시장에 영향을 주는 요인들로는 무엇이 있을까요? 예를 들어 보겠습니다.

우리나라는 남북으로 분단된 나라입니다. 그리고 북한은 핵을 보유하고 있습니다. 언제 전쟁이 일어날지 모르는 상황입니다. 자, 여러분이 외국인 투자자라면 이런 나라에 투자한다는 것은 불안한 일이 아닐 수 없을 것입니다. 이러한 불안을 없애 주면 아마 여러분은 아주 적극적으로 우리나라에 투자할 수 있겠죠?

핵무기는 여러분들도 아시겠지만 세상에서 가장 무서운 무기입니다. 만약에 한반도에 전쟁이 일어난다면 어떻게 될까요? 무섭죠! 투자자 입장에서 본다면 절대로 대한민국에 투자하고 싶지 않겠죠!

최근 우리나라의 주식 시장은 상승세를 보이고 있습니다. 그 이유는, 한반도에서의 전쟁 가능성을 낮게 보고 있고 우리나라 기업들의 성공적인 글로벌화가 큰 요인으로 작용하여 외국인들이 긍정적으로 보고 있기 때문입니다.

또 다른 예를 들어 보겠습니다. 우리나라는 88올림픽과 2002월드
컵을 성공적으로 개최했습니다. 이러한 세계적인 행사는 한 나라의
경제를 한층 발전시키는 데 아주 중요한 역할을 합니다. 왜일까요?

우선 이런 큰 행사를 치르려면 경기장 한두 개 가지고는 안 됩니
다. 일단 여러 개의 경기장을 지어야 하고, 도로와 주변 시설의 재정
비 및 추가 시설이 필요합니다. 그리고 많은 외국인들이 입국하게
되면 숙박 시설 등 의식주가 해결되어야 하며 이를 위해 수많은 인
력이 필요하게 됩니다.

국내 기업들로선 전 세계 사람들에게 한 번에 기업을 소개할 수

주가에 영향을 미치는 요인들

외부적 요인	내부적 요인
한반도 주변 정세 소식 세계적인 행사 유치 소식 국제 유가 및 자원 상승 미국, 중국, 유럽 경제의 움직임 금리 관련 소식 경제에 영향을 미치는 정책 발표	신기술 개발 소식 신규 투자 자금 유입 유명 CEO 영입 노사 화합

있는 기회의 장이 됩니다. 따라서 올림픽, 월드컵과 같은 세계적 행사를 유치한다는 것은 또한 국내 주식 시장 전체에 상승 요인으로 작용하게 됩니다. 2008년 베이징 올림픽 개최로 중국의 주식 시장 규모가 엄청나게 커진 것도 이러한 이유에서입니다.

이처럼 기업의 주가가 상승과 하락을 보이는 데에는 내부적 요인과 외부적 요인이 작용한다는 것을 알았습니다. 주식 공부는 단순히 한 기업에 대한 지식만으로는 부족합니다. 어느 정도의 세계관과 역사관 그리고 경제 지식, 마지막으로 일반적인 상식도 갖추고 있어야 합니다. 여러분이 주식 공부를 꾸준히 하게 되면 학교에서 힘들게 익히지 않더라도 재미있고 자연스럽게 그리고 쉽게 배울 수 있습니다.

회사를 세우기 위해서는 많은 자본이 필요합니다.

회사는 필요한 자본을 투자받는 대신 주식을 발행하지요.

주가는 오르기도 하고 내리기도 하는데 여기에는 여러 요인이 작용합니다.

신기술 개발, 투자금의 증가 등은 주가를 오르게 하는 내부적 요인입니다. 반대로 회사 자금 사정이 어려워지는 건 주가를 내리게 하는 내부적 요인이지요.

올림픽이나 월드컵 등 전 세계적인 축제 또한 주가에 긍정적인 영향을 끼칩니다. 이것은 외부적 요인이라고 볼 수 있습니다.

주가를 춤추게 하는 원인은 무엇이죠?

주식 시장은 상승과 하락을 수없이 반복합니다. 그런데 우리는 우리가 투자한 기업이 계속해서 상승하기를 간절히 원합니다. 투자자라면 하락보다는 상승을 통해 투자 수익을 내기를 원하지만, 주식 시장은 상승이 있으면 하락도 있게 됩니다.

금리에 민감한 주가

먼저 금리의 정의에 대해 알아보겠습니다. 금리란 빌려 준 돈에 대한 이자를 말합니다. 우리가 누군가에게 돈을 빌리게 되면 이자를 지불해야 하는 경우가 발생합니다. 이때 이자를 얼마 줄 것이냐가 바로 금리라고 보면 됩니다. 우리는 보통 금융 기관 즉 은행에서 돈을 빌리게 되며 이를 갚기 위해서는 원금과 함께 이자를 지불해야 합니다. 이 이자가 높으면 돈을 빌린 사람은 부담이 클 것이고 낮으면 부담이 적을 것입니다.

주식 시장은 금리의 영향에 매우 민감한 편입니다. 주가와 금리는 서로 역의 관계를 가지고 있습니다. 우선적으로 금리에 의해 주가가 움직입니다. 금리가 상승하면 주가는 하락하고 반대로 금리가 하락할 때 주가는 상승합니다.

시중 자금
세상에서 돌고 있는 돈

상환
투자자에게 원금을 돌려주는 것을 말합니다.

왜 그런 걸까요? 일단 금리가 상승하게 되면 **시중 자금**의 이자 또한 상승하게 됩니다. 이자 부담 때문에 은행에서 대출받은 자금을 우선적으로 **상환**하게 되면서 시중 자금은 은행으로 돌아가게 됩니다. 이때 주식 시장에서는 자금이 이탈하게 되지요. 시중 금리가 상승하면 높아진 이자 때문에 기업 또한 저금리 때와는 달리 이익이 줄어들게 됩니다. 그러면 장부상 또는 실제 영업 이익도 줄어들게 되어 주가가 하락합니다. 주식 시장에서의 자금 이탈과 기업의 이익 감소라는 두 가지 요소 때문에 주가 하락은 피할 수 없게 됩니다.

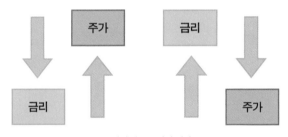

금리에 따른 주가의 변화

반대로 금리가 낮은 상태에서는 금리가 높은 상태에서와는 다른 현상이 나타납니다. 개인 입장에서는 금융 자산을 불리기 위해 저금리보다는 다소 수익이 높게 나올 수 있는 투자 대상을 찾게 됩니다. 그리하여 시중 자금은 점차 주식 시장에 관심을 보이기 시작합니다.

그리고 저금리 상태에서는 기업 또한 수익이 다소 좋지 않아도 금리가 워낙 싸기 때문에 유리한 점이 많습니다. 이때는 시중 자금이 금리가 싼 은행 예금보다 투자 쪽으로 몰리게 마련인데 그 결과 주식 시장에 왕성하게 자금이 유입됩니다.

이렇게 시중의 자금이 떠돌아다니는 장세를 흔히 '유동성 장세'라고 말합니다. 유동성 장세의 특징은 자금의 힘에 의해 주가가 상승한다는 점입니다. 그리고 그런 주가 상승에 힘입어 기업은 설비 투자를 늘리게 되고 결국은 경기 회복으로 연결됩니다.

그동안 세계 경제의 고속 성장과 주식 시장의 상승세의 배후에는 바로 저금리라는 대단히 중요한 요인이 배후에 있었던 것입니다.

지금 세계는 장기간 저금리 기조를 유지하고 있습니다. 저금리 기조를 더 지속할지 아니면 금리를 상승시킬지에 대해서는 정책을 펼치는 사람들도 대단히 신중할 수밖에 없습니다. 이처럼 주식 시장이 금리의 영향을 많이 받는 만큼 투자자 입장에서는 금리에 대해 예의 주시할 필요가 있습니다.

주가에 영향을 미치는 환율

환율의 정의부터 알아보겠습니다. 환율이란 한 나라의 화폐와 다른 나라의 화폐 간의 교환 비율을 말합니다. 다소 어려운 말이지만 자세히 보면 간단합니다. 우선 우리나라 돈은 '원'이라고 하고, 미국 돈은 '달러', 중국 돈은 '위안', 일본 돈은 '엔', 독일 돈은 '마르크' 등으로 부릅니다.

그런데 우리나라 돈을 가지고 미국에 가서 사용할 수 있을까요? 답은 '사용할 수 없다'입니다. 그렇다면 어떻게 해야 될까요?

우리나라 돈을 미국 돈으로 바꾸면 됩니다. 그런데 문제는 우리나라 돈의 가치와 미국 돈의 가치가 다르다는 것입니다. 우리나라 돈 1000원을 미국 돈으로 바꾸면 얼마가 될까요? 1달러가 됩니다. 어떻게 1달러가 되냐고요? 그것은 나라와 나라 간의 기준에 따른 것입니다. 이러한 기준을 우리는 환율이라고 합니다. 이 환율은 매일 달라집니다. 경우에 따라 우리나라 돈의 가치가 높아질 수도 있고 낮아질 수도 있습니다.

예를 들어 보겠습니다. 여러분이 미국 여행을 가려고 합니다. 오늘 환율이 1000원에 0.94달러입니다. 여행 자금으로 100만 원을 가지고 있다고 합시다. 이걸 미국 돈으로 바꾸면 얼마가 될까요?

(0.94달러×100만 원) / 1000원 = 940달러

만약에 환율이 1000원에 1.12달러라면 어떻게 될까요?

(1.12달러×100만 원) / 1000원 = 1120달러

자, 그렇다면 미국 여행을 하려면 이왕이면 언제 떠나는 게 좋을까요? 원화 대비 달러가 높아질 때 여행하는 게 좋겠죠!

외국과 무역을 하는 기업이라면 환율에 대해 민감할 수밖에 없을

것입니다. 원화 대비 달러에 따라 같은 양의 물건값이라도 적게 받을 수도 있고 많이 받을 수도 있기 때문입니다.

따라서 환율은 주가에 큰 영향을 미칠 수밖에 없습니다. 왜냐하면 외국인 투자자들로서는 환율 관계에 민감할 수밖에 없기 때문입니다. 외국인 입장에서 환율은 주식 매매와 더불어 환율에 따른 환차손이 발생할 수 있으므로 환율에 대해 매우 민감해질 수밖에 없습니다.

우리나라의 기업들도 마찬가지입니다. 달러가 강세를 보이면 해외 수출 비중이 큰 기업의 입장에서는 가격 경쟁력이 생깁니다. 당연히 우리나라 수출 기업들로서는 달러가 강세를 보이면 매출뿐만 아니라 영업 외 이익도 볼 수 있게 됩니다. 반대로 수입 업체나 외채가 많은 기업은 달러가 강세가 되면 비용 부담이 커져서 손해가 발생하게 됩니다.

> **환차손**
> 외화 자산 또는 부채를 보유하고 있을 경우 환율의 변동에 따라 자국 통화로 평가한 자산(혹은 부채)의 가치가 변동하게 됩니다. 이익이 발생하면 환차익이라고 하고 손실이 발생하면 환차손이라고 부릅니다.

반면 달러가 약세를 보이면 수입을 위해 사야 하는 달러에 대한 부담이 줄어들기 때문에 수입 의존도가 높거나 외채가 많은 기업들이 혜택을 봅니다. 국내 기업들은 원자재를 주로 외국에서 수입하기 때문에 원자재를 전보다 싸게 구입할 수 있어서 상당한 이익을 거둘 수 있습니다. 석유, 철광석이 그 대표적인 품목으로, 관련 업체들은 원화 강세, 즉 달러가 약세를 보이면 앉아서 이익을 보는 대표적인 업종으로 꼽힙니다.

금융 위기 전후에 나타난 우리나라의 주식 시장과 원-달러의 관계를 살펴보면 앞에서 말한 내용이 거의 공식에 가깝다는 것을 알 수 있습니다.

2007년도까지의 호황에는 달러 강세가 있었고 2008년도 금융 위기 때에는 달러 약세가 있었다는 것을 알 수 있습니다. 실제로 달러가 강세일 때는 삼성전자를 비롯한 IT 업체들이 수출로 대단히 선방했고, 국내의 저금리와 더불어 양대 축으로서 주식 시장의 호황을 이끌었습니다.

반면 금융 위기 때의 달러 약세 상황에서는 저금리임에도 불구하고 외국인들은 불안정한 국제 경제 상황에 대비하기 위해 주식을 팔아서 현금 보유량을 늘리려고 하였습니다. 그러다 보니 잘나가는 수출 기업들이라도 주가 하락은 어쩔 수 없게 되었고 투자 심리도 꽁꽁 얼어붙었습니다. 심지어는 너도나도 주식을 처분하기에 이르면서 당시 주식 시장은 폭락하게 되었습니다. 주식 시장의 폭락의 중요한 원인 중 하나가 외국인의 주식 처분이었는데 엄청난 파괴력을 보여 주었습니다.

이처럼 주식 시장은 주식 시장과 함께 움직이는 지표들에 의해 그 변동성이 정해지게 됩니다. 어떻게 보면 어렵지만 또 어떻게 보면 공식과도 같아 쉬울 수 있습니다. 다만 주식 투자를 하는 투자자들의 성급한 판단에 따른 섣부른 매매가 쉽게 풀 수 있는 공식을 오히려 어렵게 만들 수 있다는 점을 유념해야 할 것입니다.

주가를 움직이는 정부의 정책

주식 시장은 경제가 있는 곳입니다. 시장 경제를 움직이는 주체는 일반 개인도 아니고 대기업 CEO도 아닙니다. 시장 경제를 움직이는 주체는 정부입니다. 정부는 나라 살림을 위해 여러 가지 정책을 펼치게 되며 이러한 정책에 따라 시장 경제는 민감하게 움직일 수밖에 없습니다.

정부는 새로운 비전을 국민에게 제시해야 하며, 국가라는 조직의 가장으로서 먹고사는 문제를 필수적으로 해결하지 않으면 안 되는 책임이 있습니다. 그런 점에서 볼 때 한 나라의 리더의 생각에 의해 시장 경제의 방향이 설정된다고 보는 것이 사실상 맞습니다.

과거 우리나라는 먹고사는 일이야말로 가장 큰 문제였습니다. 후진국이나 개발 도상국들은 먹고사는 문제를 풀기 위해 **기간산업**에 관심을 가지게 됩니다. 그리고 기간산업을 키우기 위해선 먼저 기반 시설을 갖춰야 하지요. 즉, 공장에서 제품을 만들려면 공장뿐 아니라 사람이 살 수 있도록 상하수도, 전기 등을 갖춘 집과 빌딩을 짓고, 원료

> **기간산업**
> 한 나라 산업의 기초가 되는 산업으로 주로 중요 생산재를 생산하는 산업을 이르며, 전력·철강·가스·석유 산업 따위가 있습니다.

와 생산된 제품을 옮길 수 있는 도로도 만들어야 하지요. 그래서 건설업이 성장하게 되었습니다. 도로, 교량, 도시 개발, 플랜트 등을 건설하면서 건설 경기는 엄청나게 성장한 동시에 경제 개발의 주역이 되었습니다. 산업이 발달하게 되면서 운송 업종의 중요성이 커졌고, 이는 자동차 산업과 함께 중공업의 발달로 이어지게 되었습니다.

좀 더 시간이 흘러 IMF 당시 김대중 대통령이 가장 중요하게 생각한 산업이 IT 산업이었고, 이로 인해 벤처 붐이 일어나게 되었습니다. 당시 김대중 대통령이 대한민국의 미래를 어디에 둘 것이냐 많은 고민을 하고 있을 때 세계적인 인물 두 사람이 우리나라를 방문하게 됩니다.

그 두 사람이 누구일까요? 바로 미국 마이크로소프트 사의 빌 게이츠와 일본 소프트뱅크의 손의정입니다! 김대중 대통령은 이 두 사람을 초청하여 여러 가지 자문을 구하게 됩니다. 그리고 결론을 내린 것이 바로 IT 산업으로, 이 산업에 대한민국의 미래가 있다고 확신하게 됩니다. 이를 위해 당시 정부 차원에서 적극적인 지원과 육성을 아끼지 않게 됩니다. 오늘날 대한민국은 과거 10여 년 전의 정부의 관심과 노력에 의해 반도체, 통신 산업, 가전제품, 휴대폰 등등 IT 관련 산업에서 세계적인 위치에 있게 되었습니다. 우리가 너무나 잘 알고 있는 네이버(NHN)는 당시 벤처 붐의 결과물이라고 볼 수 있습니다.

또 다른 사례를 들어 보겠습니다. 사교육의 문제점을 개선하고자 탄생한 것이 인터넷 강의입니다. 당시 가계의 사교육비 부담이 과도하게 커지자, 정부는 모든 학생들이 질 높은 수업을 값싸게 들을 수 있도록 많은 고심을 하게 됩니다. 그리하여 사교육의 대안으로 인터넷 강의를 제공하게 되었고 이는 많은 학생들에게 평등하게 공부할 수 있는 기회를 주었습니다. 이렇게 탄생한 것이 그 유명한 메가스터디입니다. 이 또한 정부의 정책에 의해 진행된 사례라고 볼 수 있을 것입니다.

이외에도 너무나 많습니다. 삼성전자 또한 정부의 정책과 무관하지 않을 것입니다. 과거에는 건설업, 철강업 등이 시대가 요구하는 기업들이었을 것입니다. 하지만 고 이병철 회장이 마지막 사업으로 반도체에 모든 것을 건 것은 미래 산업의 성장 동력을 IT로 보았기 때문인데, 이러한 것도 경영자의 선견지명만으로는 불가능합니다. 국가 또한 미래의 비전이 없으면 안 되기 때문에 미래에 먹고살 문제에 대해 생각을 안 할 수 없습니다. 이러한 점이 기업인과 코드가 맞으면서 새로운 산업의 탄생이 이루어집니다. 이러한 산물이 세계적인 글로벌 기업인 삼성전자입니다.

　따라서 정부가 생각하고 있는 산업에 대해서는 투자자라면 반드시 함께해야 한다고 봅니다. 2010년 들어서는 미래 신성장 산업으로 친환경과 에너지에 모든 포커스를 맞추고 있습니다. 역시 이러한 정부의 의지와 맞아떨어지는 기업들은 정책 발표 이후 상승세를 보이고 있고 대기업들의 비전도 정부의 정책과 함께하고 있습니다. 이러한 흐름을 이해한다면 우리가 읽는 신문의 정치면은 투자자에게 좋은 아이디어를 줄 수 있는 보물 창고라고 할 수 있겠지요. 따라서 여러분은 신문을 꼼꼼히 읽는 습관이 반드시 필요하겠습니다.

주가에 영향을 미치는 것은 크게 세 가지가 있습니다.
금리, 환율, 정책입니다.

금리가 낮아지면 시중에 떠도는 돈이 투자할 대상을
찾아 주식 시장으로 몰리면서 주가가 상승합니다.

환율 또한 주가에 영향을 미치는 중요한 요소입니다.
2008년 경제 위기에는 달러 약세로 인해 외국인의
자본이 빠져나가 주가가 폭삭 내려앉기도 했지요.

나라의 경제 정책이 어디로 향하고 있는가는
주가를 결정짓는 중요한 요소가 됩니다.

우리도 주식 투자를 해 볼까요?

지금까지 주식 투자란 무엇이고, 우리와 어떻게 연관돼 있는지를 배웠습니다. 이러한 이야기를 바탕으로 직접 주식 투자를 해 보는 것은 어떨까요? 증권사를 찾아가 모아 둔 용돈으로 손쉽게 따라 할 수 있는 증권 투자를 해 봅시다.

나도 증권 계좌를 갖고 싶다!

여러분이 주식 투자에 대해 가장 빨리 이해할 수 있는 방법은 직접 투자를 해 보는 것입니다. 꼭 돈이 많아야 또는 어른이어야만 주식 투자를 할 수 있는 것은 아닙니다. 주식 거래는 적은 돈으로도 할 수 있고 많은 양의 주식을 사지 않아도 됩니다. 어떤 경우에는 1주씩 살 수도 있습니다. 꼭 엄청난 주식을 사는 것이 아닙니다.

우선 주식 투자를 하기 전에 반드시 거쳐야 할 관문이 있습니다. 주식 거래는 개인이 직접 할 수 없으며 은행처럼 증권사를 거쳐야 합니다.

즉 은행처럼 통장이 있어야 하는데, 그러기 위해 증권사에 방문하여 거래 계좌를 개설합니다. 이때 증권사는 일단 매매 주문을 정확하고 신속하게 처리해 주는 곳으로 수수료를 지불하는 것이 아깝지 않은 곳을 선택해야 합니다. 상장이나 등록이 된 증권사를 선택하는 것이 가장 일반적인 선택 방법이며, 사전에 증권사를 직접 방문하여 해당 지점 분위기를 살피고 직원들과 대화해 보는 것도 나쁘지 않습니다.

증권사 선택은 아주 중요합니다. 때론 증권사가 영업 정지를 받는 경우도 있기 때문에 재무 구조가 튼튼한 증권사를 선택해야 합니다. 간단하게 재무 구조가 튼튼한 증권사를 선택하는 방법으로 해당 증권사의 주가를 알아보면 됩니다. 아무래도 주가가 싸다는 것은 그만큼 부실 가능성이 있다는 것이기 때문에 이런 곳은 선택을 보류하는 것이 좋습니다. 요즘은 홈트레이딩(HTS)이 발달하여 굳이 증권사를 방문할 필요는 없지만, 증권사마다 분위기가 다르게 마련입니다.

증권사를 선택했으면 다음에는 무엇을 할까요? 주식 투자를 할 수 있는 시스템을 준비해야 합니다. 증권사를 방문하여 최초 계좌 개설을 해야 합니다. 계좌 개설은 주식 투자 입문과 같은 의미로 투자 자금의 입출금을 가능하게 하는 시스템이라고 보면 될 것입니다. 주식 투자를 하려면 본인 명의의 계좌가 있어야 합니다.

계좌 개설이 이루어지면 증권 카드를 받게 됩니다. 투자자가 요청하는 통장으로 계좌 개설이 되는 경우도 있습니다. 그 통장에 투자 자금을 입금하면 바로 주식 투자를 할 수 있게 되지요. 이렇게 입금되는 투자 자금은 실제로 주식을 매수할 때 사용되기 때문에 신중한 자세로 임해야 합니다.

마지막으로 홈트레이딩을 신청하여 설치하십시오. 홈트레이딩은 자신의 컴퓨터로 주식 투자를 할 수 있는 장점이 있으며 각종 차트 분석 및 기업에 관련된 공시, 자료 그리고 해당 증권사에서 제공하는 부가 서비스를 받을 수 있기 때문에 주식 투자에 매우 유용한 시스템입니다. 따라서 홈트레이딩을 하든 안 하든 일단 신청을 해 놓는 것이 좋습니다.

주식 투자를 하기 위해서는 주문을 내는 방법부터 배워야 합니다.

주문을 내는 방법으로 세 가지를 들 수 있습니다. 첫 번째는 증권사 지점을 방문하여 주문표를 작성해 주문을 내는 방법입니다. 주문표에 여러 가지 기입 사항을 충실히 작성한 후 증권사 담당 직원에게 제출하기만 하면 됩니다. 두 번째는 전화로 주문을 내는 것입니다. 전화는 녹취 시스템이 있어서 객장에서 직접 주문을 내는 것과 동일한 효력을 갖습니다. 세 번째는 PC나 무선 단말기 등으로 고객이 직접 주문을 내는 홈트레이딩입니다. 증권사 홈페이지에서 직접 주문을 내는 방법으로, 요즘은 대부분 홈트레이딩으로 주문을 내는 편입니다.

주문을 낸다고 모든 수량이 원하는 가격에 체결되는 것은 아닙니다. 그러므로 투자자들은 주문 체결이 어떤 원칙에 의해 결정되는지 알고 있어야 합니다. 주문 체결은 세 가지 원칙에 의해 이루어집니다. 가격 우선의 원칙, 시간 우선의 원칙, 거래량 우선의 원칙이 그것입니다.

가격 우선의 원칙에 따라 주식을 파는 경우(매도) 저가 주문이 우선이고 주식을 살 때(매수)는 고가 주문이 우선입니다. 다시 말해, 싸게 팔겠다고 내놓는 주문과 비싸게 사겠다고 내놓는 주문이 우선 체결되는 것입니다.

시간 우선의 원칙은 동일한 가격이라도 먼저 주문을 낸 사람에게 체결의 우선권이 주어지는 원칙을 말합니다. 즉 똑같이 상한가로 주문을 낸 경우에도 먼저 주문을 낸 투자자에게 우선 순위가 주어지는 원칙입니다.

거래량 우선의 원칙은 가격이 동일하고 시간도 동일할 경우 주문량이 많은 투자자에게 우선 순위를 주는 원칙입니다. 예를 들어 2000주를 주문했어도 다른 투자자의 주문 수량이 더 많아 아예 못 받을 수도 있고 아니면 일부만 배정을 받을 수도 있습니다.

삼성전자 주식을 매월 1주씩 사자

증권 계좌가 개설되었으면 다음에는 무엇을 할까요?

당연히 투자할 기업을 선정해야 합니다. 여러분이 기업을 선정할 때 재무제표 분석, 차트 등 어려운 내용으로 기업을 선정하기에는 애로 사항이 많을 것입니다.

그렇다면 투자의 첫 경험은 어디서부터 시작해야 할까요?

일단 내가 잘 아는 기업에서 좋은 경험을 가져야 합니다. 예를 들어 여러분의 부모님이 근무하고 계시는 기업이 거래소 시장이나 코스닥 시장에 등록 또는 상장되어 있다면 당연히 부모님이 근무하는 기업에 먼저 투자해야 합니다. 그 이유는 본인이 잘 알고 있는 기업에 투자할 경우 전혀 모르는 기업에 투자하는 것보다 시장의 상황이나 주식의 흐름을 잘 읽을 수 있기 때문입니다. 한 예로 내가 아는 한 투자자는 선박 운송 회사에서 근무하는데, 선박의 운송량과 도착지 또는 출발지가 잦은 나라를 보고 현재 시장의 상황을 분석한다고 합니다. 결국 이 투자자는 중국 관련 기업과 펀드에 투자해서 좋은 수익률을 달성했습니다. 나 또한 처음 주식 투자를 한 대상이 내가 몸담고 있던 기업의 경쟁 업체로 역시 좋은 수익을 얻었던 경험이 있습니다.

우리 주변에는 좋은 기업들이 많이 있습니다. 그럼에도 불구하고 어른들은 흔히 프로 투자자들도 잘 모르는 기업에 투자하여 곤란한 경험을 겪고는 합니다. TV나 거리 간판의 광고를 통해 내가 잘 아는 기업들도 있는데 도대체 왜 어렵게 투자 대상을 선정하는지 안타까울 따름입니다.

TV나 각종 매스컴에서 어떤 기업의 광고를 평소보다 자주 본다는 것은 투자자 입장에서 아주 중요한 사항입니다. 이런 경우 신상품 개발의 성공적인 론칭을 위한 행위이기 때문에 예의 주시해야 합니다. 몇 년 전 부동산 열풍이 불었을 때 아파트 광고가 TV를 도배하다시피 했습니다. 이것은 건설 회사들이 잘 성장하고 있다는 증거였습니다. 스마트폰과 이동 통신 관련 광고, 자동차 신차 광고 등도 마찬가지이지요!

그래도 좀 더 다양한 기업을 알아보고 싶다면 주식 시장의

KOSPI200 종목명(2012)

BNG스틸	삼성화재	농심	코오롱	SK	외환은행	동원F&B	한솔제지
CJ	삼양사	대경기계	크라운제과	SKC	우리금융	동원시스템즈	한일시멘트
FnC코오롱	삼양제넥스	대교	태광산업	SK네트웍스	우리투자증권	동화약품	한진중공업홀딩스
GS	삼영전자	대구은행	태평양	SK에너지	웅진케미칼	두산	한진해운
GS건설	성신양회	대덕GDS	퍼시스	SK케미칼	웅진코웨이	두산인프라코어	한화
KCC	세아베스틸	대덕전자	포리올	SK텔레콤	유니드	두산중공업	한화케미칼
KC코트렐	세아제강	대림산업	풍산	STX	유니온스틸	롯데삼강	현대건설
KT	세원셀론텍	대상	하나금융지주	STX엔진	유한양행	롯데쇼핑	현대모비스
KT&G	세하	대우건설	하이닉스	STX조선	율촌화학	롯데제과	현대미포조선
KTF	셀런	대우인터내셔	하이트맥주	강원랜드	인디에프	롯데칠성	현대백화점
LG	신도리코	대우조선해양	한국가스공사	경방	일동제약	무림페이퍼	현대산업
LG디스플레이	신성이엔지	대우증권	한국금융지주	고려아연	일성신약	미래에셋증권	현대상선
LG상사	신세계	대웅제약	한국기술산업	고려제강	일양약품	베이직하우스	현대시멘트
LG생명과학	신한지주	대한유화	한국단자	광동제약	일진전기	부광약품	현대엘리베이
LG생활건강	쌍용양회	대한전선	한국유리	국민은행	전기초자	부산은행	현대오토넷
LG전자	쌍용차	대한제강	한국전력	금호산업	제일기획	빙그레	현대제철
LG패션	아모레퍼시픽	대한제분	한국제지	금호석유	제일모직	삼성SDI	현대중공업
LG화학	아세아시멘트	대한항공	한국철강	금호전기	조선내화	삼성물산	현대증권

LS	애경유화	동국제강	한국카본	금호타이어	종근당	삼성엔지니어링	현대차
LS산전	에스원	동부제철	한국타이어	기아차	중외제약	삼성전기	현대하이스코
POSCO	엔씨소프트	동부하이텍	한라공조	기업은행	카프로	삼성전자	호남석유
S&T대우	영진약품	동아제약	한미반도체	남양유업	케이씨오에너지	삼성정밀화학	화인케미칼
S&T중공업	영풍	동양기전	한미약품	남해화학	케이씨텍	삼성중공업	효성
S-Oil	오뚜기	동양메이저	한섬	넥센타이어	케이피케미칼	삼성증권	후성
SBS	오리온	동양제철화학	한솔LCD	녹십자	코리안리	삼성테크윈	휴켐스

KOSPI200을 살펴보세요. KOSPI200은 대한민국에서 가장 우량한 기업 200개를 모아 놓은 지수입니다. 따라서 이들 200개 기업 중 하나를 선택하여 투자하는 것도 매우 훌륭한 선택이라 할 수 있습니다.

기업을 선정했으면 그다음에는 무엇을 할까요?

바로 해당 기업의 주식을 사면 됩니다. 문제는 돈이 여유롭지 못하다는 거죠! 하지만 용돈으로도 가능한 기업들이 있습니다. 주당 가격이 5만 원 이상이면 1주씩 살 수 있습니다. 그래서 여러분에게 주식 투자를 권하고 싶습니다. 여러분의 용돈을 가지고 매월 1주씩 자기가 투자하고 싶은 기업에 돈을 투자했으면 합니다. 처음에는 적다고 느낄 수 있지만 나중에 엄청난 돈으로 불어나 있을 것을 상상하시기 바랍니다. 물론 오랫동안, 여러분이 어른이 되더라도 마찬가지이지만, 장기 투자를 하십시오. 한 예로 대한민국을 대표하는 기업이 삼성전자라는 것은 대한민국 국민이라면 모를 사람이 없을 것입니다. 지금은 삼성전자 1주당 가격이 150만 원 합니다. 하지만 15년 전 삼성전자 주식은 12만 원에 거래된 적도 있습니다. 과거에 삼성전자에 투자한 투자자들이 지금까지 그 주식을 가지고 있다면 어떨까요? 대단하겠죠!

여러분도 매월 용돈을 아껴서 주식 투자를 해 보기 바랍니다. 아마 어떠한 경제학 공부보다도 훌륭한 공부가 될 것이라고 확신하는 바입니다.

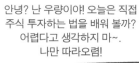

벤저민 그레이엄이 말하는 현 명 한 투 자 자 란 ?

'기업가 정신'을 영어로 entrepreneurship(엔트러프러
너십)이라고 표기합니다. 이는 '모험을 감행하다'라는 의
미의 프랑스 어 entrepreneur에 정신을 의미하는 영어
단어 'ship'을 결합한 것입니다. 단어의 어원에서 보듯이
기업가 정신의 핵심은 모험과 도전으로 요약할 수 있을
것입니다. 창조적 파괴를 이룬 기업가들의 사례를 통해
기업가 정신을 다시 한 번 새겨 봅시다.

좋은 투자 습관이란?

여러분은 습관에 대해 어떻게 생각하나요? 습관에는 좋은 습관이 있지만 반대로 나쁜 습관도 있습니다. 어떠한 행위에는 좋은 습관과 나쁜 습관이 항상 같이 존재합니다. 나쁜 습관을 가지게 되면 말 그대로 안 좋은 일이 생기게 되고 좋은 습관을 가지게 되면 좋은 일이 생기게 됩니다.

투자도 마찬가지입니다. 투자에 대해 알기 시작할 때부터 좋은 습관을 가져야 훌륭한 투자자가 될 수 있고 부도 쌓이게 됩니다. 그러나 대부분의 사람들은 나쁜 습관부터 배우게 됩니다. 그래서 안타깝게도 투자를 통해 많은 돈을 잃기도 합니다.

내가 쓴 책『현명한 투자자』의「서언」첫 문장에서 나는 "이 책에서는 주식 분석 기법에 대해 상대적으로 적게 논의될 것이며 주로 주식 투자 원칙과 투자자의 자세 등에 대해 많은 부분이 할애될 것이다"라고 했습니다. 이 책의 첫 장 또한 투자와 투기의 차이로 시작합니다. 이 강의에서도 나는 여러분과 함께 투자와 투기에 대해서 알아보려고 합니다.

결론부터 이야기하겠습니다. 좋은 투자 습관이란 주식 투자의 본질을 이해하는 습관을 말합니다. 단순히 차익을 내기 위한 행위가 아니라 투자의 정의대로 실천하는 행위가 중요합니다. 주식 투자란 앞에서도 배웠지만 주식회사에 돈을 주어서 그 회사가 사회적으로 필요한 제품을 만들어 냄으로써 조직 구성원과 세상에 행복한 변화를 이루게 하는 것입니다! 이것이 바로 주식 투자의 본질적 정의로, 이를 위해 투자한 기업에 대해 투자 이익보다 기업의 훌륭한 성장을 위해 인내하는 노력이 바로 좋은 투자 습관이라고 말할 수 있습니다.

예를 들어 애플에 투자한 투자자들의 마음은 어떨까요? 아마 투자 수익도 수익이지만 세상을 바꾼 기업에 투자하였으니 마음이 뿌듯할 것입니다. 스티브 잡스를 믿고 끝까지 투자 자금을 회수하지 않았기 때문에 애플 투자자들은 세상의 변화에 큰 역할을 했다고 생각할 것이고 애플에 대한 애착도 남다를 것으로 생각됩니다. 나는 여러분에게 이러한 투자를 강조합니다. 나의 제자 워런 버핏 또한 이를 충실히 실천하고 있으며, 그도 많은 투자자들에게 좋은 투자 습관을 강조하고 있습니다.

예전에 워런 버핏은 이러한 이야기를 한 적이 있습니다.

"투자에 성공하기 위해서 반드시 뛰어난 지능, 사업에 대한 비범

한 통찰력 또는 내부 정보 등이 필요한 것은 아니다. 그보다는 의사 결정에 영향을 미치는 건전하고 지적인 체계와 그 체계를 좀먹는 감정을 다스릴 줄 아는 능력이 필요하다"라고 했습니다.

또한 "투자에서 뛰어난 결과를 얻을 수 있을지의 여부는 투자를 위해 쏟는 노력, 지식과 더불어 증권 시장의 비정상적인 정도도 영향을 미칠 수 있다. 증권 시장이 비정상적으로 움직일수록 전문 투자자와 같은 이들에게는 더욱 큰 기회가 생기기 때문이다. 벤저민 그레이엄의 투자 방법을 따른다면 그러한 비정상적인 투자 행위에 참여하지 않게 되고 오히려 그러한 행위로 인해 이익을 얻게 될 것이다"라고 하면서 나의 투자 방법에 대해 칭송을 아끼지 않았습니다.

현명한 투자가 있듯이 현명한 투기도 있습니다. 많은 투자자들은 자기 스스로 현명한 투자를 하고 있다고 생각합니다. 또는 현명한 투기를 하고 있다고 생각하기도 합니다. 그러나 투기가 현명하지 못한 경우는 많습니다.

그중 대표적인 경우를 살펴보면 다음과 같습니다.

1) 투자하고 있다고 생각하면서 투기하는 경우

좋은 기업에 투자를 하고 있는데 약간의 수익이 나거나 손실이 나게 되면 며칠도 못 가서 투자 자금을 찾아오는 경우를 말합니다.

2) 적절한 지식이나 기술이 없으면서도 심심풀이가 아니라 심각하게 투기하는 경우

기업에 대한 지식이 없는 상태에서는 적당하게 투자를 해야 하는데 마치 무언가를 아는 것처럼 심각하게 그 기업에 대해 신뢰하는

것으로, 이는 잘못된 정보도 있는 그대로 받아들이는 상태로까지 가기도 합니다.

    3) 자신이 감당할 수 있는 범위 이상으로 투기에 돈을 거는 경우

    말 그대로 빚을 지면서까지 투자하는 경우를 말합니다. 이는 정말로 어리석은 경우라 할 것입니다.

    많은 사람들이 주식 투자를 하고 이들이 스스로 투자자라고 착각할 때 주식 시장은 위험 수준에 이르게 됩니다. 이때는 모든 대중이 무모한 투자를 하게 되는데 이것이 바로 투기입니다. 막연한 기대치가 사람의 마음을 사로잡고 명백한 불법 행위가 만연하며 비윤리적인 행위마저 정상적으로 비치게 될 때 이는 바로 주가의 폭락을 예고하게 됩니다. 나는 이러한 투기 행위를 매우 경계했습니다. 오죽했으면 주식 투자에서 투기성 행위를 하고자 한다면 투기성 펀드와 투자성 펀드로 나누어서 생각하라고까지 했습니다. 다시 말해, 투자로 하는 자금과 투기로 하는 자금을 나누라고 했지요.

방어적인 투자자가 기대할 수 있는 결과

나는 방어적인 투자자를 이렇게 정의합니다.

"안정성을 중시하고 투자에 대한 걱정에서 자유로워지려는 사람."

투자 성향에 따라 공격적인 투자자와 방어적인 투자자로 분류할 수 있습니다. 공격적인 투자자들은 대체로 주식 시장과 본인이 투자한 기업에 대해 낙관적인 성향을 보입니다. 반면에 방어적인 투자자

들은 주식 시장에 대해 항상 낙관적으로 생각하지 않고 주식 시장이 하락할 수 있다는 것을 염두에 두고 투자를 합니다. 이들은 손실이 나는 것을 두려워하며 주식 시장의 상승과 하락에 대해서 관심을 가지지 않고 안정적으로 투자하기를 원합니다.

그래서 나는 방어적인 투자자들에게 투자 자산을 주식에만 배분해 투자하지 말라고 합니다. 투자 자금을 안정적으로 운영할 수 있는 곳에 나누어서 투자하라고 권하지요.

그 대표적인 투자가 채권 투자입니다. 채권 투자는 주식 투자와는 달리 원금을 보장받을 수 있으나 이익은 주식 투자에 비해 적은 편입니다. 나는 채권과 주식 투자를 같이 하라고 강조합니다.

교과서에는

기업이나 정부가 돈을 빌린 증서입니다. 채권을 사는 것은 구매자가 발행자에게 돈을 빌려 준다는 의미가 됩니다. 또 채권은 이자가 정해져 있기 때문에 채권 가격과 채권 수익률은 반비례합니다.

내가 권하는 투자 비율은 채권 50퍼센트, 주식 50퍼센트입니다. 그러나 주식 시장이 위험할 정도로 상승했다고 느낄 경우 주식 투자 비율을 25퍼센트로 낮추고, 반대로 주식 시장의 하락이 점점 매력적이라고 느껴질 때 주식 투자 비율을 75퍼센트까지 늘리는 방법을 권하고 있습니다.

주식 시장을 예측하는 것은 절대로 불가능하기 때문에 채권과 주식의 비중을 적절히 나누는 투자 전략을 활용할 때 투자 결과가 만족스러울 것이라고 봅니다.

또한 나는 높은 이익이 확실하다고 추천되는 인기 기업에 돈을 투자할 때는 시장 평균 이상의 결과를 가지고 올 것으로 기대해선 안 된다고 했습니다. 장기적으로 볼 때 그와 정반대의 결과가 거의 확실시되기 때문입니다. 다시 말해 높은 이익보다 높은 손실을 안겨 줄 수 있다는 것입니다.

예를 들어 주가가 상승하기 전에 650원이었던 주가가, 높은 이익을 올릴 것이 확실하다고 판단한 투자자들이 한꺼번에 몰리면서 무려 3만 7400원으로 상승했다가 이후 힘없이 빠지기도 합니다. 그래프 하단의 막대그래프가 거래량을 나타내는 것으로서, 거래량이 많다는 것은 투자자들이 많이 몰렸다는 것을 의미합니다. 즉 투자자들이 막연한 기대치를 가진 시점이 바로 주가가 폭등하는 시점이었다는 것을 알 수 있습니다. 이렇게 뒤늦게 투자한 수많은 사람들은 많은 손해를 입게 됩니다.

환상적인 이익이 보장된 듯한 위험한 주식을 사는 모험적인 방법보다 보수적인 투자 방법이 궁극적으로 더 좋은 투자 결과를 가져오는 성공적인 주식 투자라는 것을 이 장에서 강조하는 바입니다.

어떤 기업에 투자하면 좋을까?

성장주란 무엇인가요? 주식의 시장 가격이 장기적으로 오를 가능성이 있는 우량 주식으로, 매출액과 이익 성장률이 일반 경제 동향이나 동일 업계에 비하여 급속하게 신장하는 기업을 말합니다. 따라서 많은 투자자들은 이러한 기업에 투자하기를 좋아합니다.

그러나 성장주에 대한 투자에는 우리가 모르는 진실도 있습니다.

좋은 실적과 외견상 좋은 전망을 가진 주식은 그에 따라 고가에 거래됩니다. 투자자가 그 주식 전망을 올바르게 판단했더라도 예상 전망치로 인해 지나친 가격을 지불하다 보면 특별히 좋은 수익을 얻지 못할 수 있습니다. 또한 회사의 전망치에 대한 판단이 틀릴 수도 있지요. 이례적인 고성장이 영원히 지속될 수는 없습니다. 회사가 이미 눈부신 사업 성장을 기록했다면, 바로 회사의 이 대형화된 규모가 성공의 반복을 어렵게 할 수도 있습니다. 어떤 시점부터 성장 곡선은 상승하지 못하고 많은 경우 하향세로 진입하게 됩니다.

내가 실제로 뉴욕 증권 거래소의 120개 성장주 펀드들에 대한 투자 실적을 연구한 적이 있는데 놀랍게도 실적이 높지 않게 나왔습니다. 이는 그 회사의 뛰어난 전망이 이미 시장에서 완전히 인식되어 있었기 때문이지요. 그 회사의 투자 기술은 오랜 기간 변화하지 않을 것이지만, 그 주식의 투자 위험도는 주식 시장에서 어떤 일이 생기느냐에 따라 좌우됩니다. 대중이 그 주식에 대해 더욱 열광적일수록 그리고 주가의 상승이 실제 이익에 비해 더 빠를수록, 그 주식에 투자한다는 것은 더욱 위험한 일이 될 것이라고 나는 당시 경고를 했습니다.

이러한 경고를 누구에게 했을까요? 바로 주식 공부를 전문적으로 한 증권 종사자들과 펀드 매니저들이었습니다. 흥미롭지 않습니까? 즉 이 말은, 전문가들조차도 수익을 좇다가 고객의 소중한 돈에 손실을 입힐 수 있으니 수익만 좇지 말라는 선배로서의 조언이었던 거지요.

"어떤 나무라도 하늘까지 자라지 않는다."
"강세장에서도 약세장에서도 돈을 벌 수 있지만, 욕심은 결코 돈을 벌 수 없다."

— 월 가의 오래된 격언 두 가지

벤저민 그레이엄이 추천하는 투자 기업 선정 방법
첫째, 비교적 인기 없는 대형 회사에 투자합니다!
뛰어난 성장을 기록했거나 다른 어떤 이유로 해서 매혹적인 주식을 과대평가하는 것이 시장의 계속적인 현상이라면, 만족스럽지 못한 일시적인 결과로 인해 인기가 떨어진 회사는 과소평가된다고 볼 수 있습니다. 이는 주식 시장의 기본적인 인식이기도 합니다.

예전에 세계 2위의 반도체 기업이었던 하이닉스가 그 대표적인 예입니다. 하이닉스는 훌륭한 기술을 보유한 데다 회사 이익도 플러스를 내는 기업이었습니다. 다만 당장의 현금 흐름이 원활하지 않아 회사가 망하기 직전까지 가게 되었지요. 당연히 이 기업의 주가는 날마다 하락을 계속해 형편없이 싼 가격까지 내려가게 되었습니다. 하지만 정부는 이 기업을 살리기 위해 정부 차원에서 관리하기로 결정하였으며 이후 회사가 안정적으로 돌아갈 때까지 수년간 관리하였습니다.

여러분, 세계 2위 반도체 기업인 하이닉스는 그 후 어떻게 되었을까요? 결국 하이닉스는 정상화되어 세계 2위 반도체 기업으로서 제자리를 찾았으며, 주가 또한 엄청난 가격까지 상승하였습니다.

내가 추천하는 투자 기업은 하이닉스처럼 잠시 힘들어하지만 기술력과 영업력을 보유하고 있는 기업입니다. 비록 이런 기업들은 다른 기업들에 비해 관심 밖에 놓일 수 있으나 투자자에게 주는 이익은 막대합니다.

또한 전문 투자자도 인기 없는 대형 회사에 집중해야 합니다. 왜냐하면 인기 없는 대형 회사들은 불황 등의 역경을 거쳐 만족스러운 수익 기반을 회복할 수 있는 자본과 인적 자원을 가지고 있기 때문입니다. 실제로 워런 버핏이 투자하는 기업들은 이런 내용을 바탕으로 한 인기 없는 대형 회사이며, 이들 기업의 주식을 장기간 소유함으로써 지금도 막대한 수익을 내고 있습니다.

둘째, 이류 회사에 투자하십시오!

대부분의 이류 회사는 주요 사업에서의 선도 회사가 아닌 회사를 의미합니다. 이런 회사는 보통 자신이 속한 산업 분야에서는 비교적 작은 회사이나, 중요하지 않은 산업 부문에서는 주요 기업이 될 만한 곳입니다. 일류 회사에 비해 상대적으로 낮은 가격에 매매됨에도 불구하고 이류 회사의 주식들이 외면당하는 것은, 투자자들이 이류 회사의 미래가 일류 회사보다 불투명하다고 생각하기 때문입니다. 그래서 이류 회사들에 대한 시장의 관심은 일류 회사에 비해 적으며 주가 또한 낮은 가격에 형성됩니다. 하지만 시장의 적은 관심과는 달리 이류 회사들의 실적은 매우 뛰어난 편에 속합니다. 따라서 시장에서 과소평가되는 경향이 있습니다.

그렇다면 과소평가된 상황에서 투자자가 이익을 낼 수 있다고 믿을 만한 근거는 무엇일까요? 1) 배당 수익이 상대적으로 높습니다. 배당 수익은 회사가 이익금을 현금 또는 주식으로 주주들에게 할당해 주는 것을 말합니다. 2) 투자한 이류 회사의 수익은 투자한 가격에 비해 괜찮을 것이고 결국 주가는 상승할 것입니다. 3) 주식 시장이 계속해서 상승할 때는 대개 회사의 가치에 비해 주가가 낮게 평가된 기업들의 주가가 적어도 합리적인 수준까지 끌어올려집니다. 4) 비교적 특징 없는 시장에서도 가격 조절 과정은 계속되는데 이 과정을 통해 저평가되었던 이류 회사들은 정상적인 수준까지 주가

가 오를 수 있습니다. 5) 많은 경우 수익에 악영향을 미치는 특수 요
인들이 새로운 환경 변화, 새로운 정책의 채택 또는 경영 방침의 변
화 등으로 수정될 수 있습니다. 그리고 사업 다각화에 따라 큰 일류
기업이 작은 이류 기업을 인수할 경우 지급하는 대가는 비교적 현
가격 수준을 훨씬 초과합니다.

내가 말하는 투자 기업 선정은 우리들이 생각하는 기업하고는 다
소 다를 수 있습니다. 하지만 지나치게 낙관적으로 평가받는 기업에
투자하는 것은 그만큼 위험 부담이 있다는 것, 이류 회사 중 저가의
기업에 투자할 것, 또한 남들과 다른 생각을 할 때 좋은 수익을 낼 수
있다는 것을 귀담아 듣는다면 여러분의 주식 투자에 좋은 지침이 될

것입니다.

투자는 단순히 높은 수익을 내는 것이 중요하지 않습니다. 회사는 태생적으로 사회와 함께 성장하고 발달했습니다. 회사를 운영하는 것은 사람이며 회사의 물건을 사는 주체도 사람입니다. 그리고 회사의 가치를 인정하고 투자하는 주체도 사람입니다. 주식 투자는 이러한 관계를 잘 이해하고 건전한 투자 사명감을 가지고 투자해야 좋은 기업을 찾아낼 수 있으며 주식 시장의 수없는 유혹으로부터 자신을 지켜 낼 수 있습니다. 그리고 그에 대한 대가가 매우 크다는 것을 세상 사람들에게 알려 준 사람이 나라면, 이를 충실히 이행한 사람은 바로 이 시대의 현인인 워런 버핏입니다. 자, 여러분도 이런 기업들을 찾아서 투자해 보는 게 어떨까요?

아인슈타인이 극찬한 '복리'

교과서에는
일반적으로 이자가 추가되는 방식에는 단리와 복리가 있습니다. 단리는 원금에 대해서만 이자가 붙는 방식인 반면, 복리는 원금과 이자를 합한 금액에 대해 다시 이자가 붙는 방식입니다.

Snowball
작게 뭉친 눈덩이를 굴리다 보면 덩이가 커질수록 빠르게 크기가 불어나듯이 복리가 불어난다는 의미입니다.

금세기 최고의 과학자인 아인슈타인은 인류의 최고 발명품을 '복리'라고 했습니다. 또한 금세기 최고의 투자 현인인 워런 버핏도 자신의 실질적인 자서전의 제목을 『The Snowball』이라고 했을 정도로 복리는 경제학에서 매우 중요한 이슈이기도 합니다.

투자의 수익에 대한 또 다른 말은 이자일 것입니다. 그런데 어떻게 이자가 점점 커질까요? 거기에는 복리라

는 마술이 있기 때문입니다. 그럼 복리란 과연 무엇이며 그 효과는 얼마나 대단한지 알아보도록 하겠습니다.

복리의 정의를 보면 일정한 기간마다 이자를 원금에 가산하여 그 합계액을 다음 기간의 원금으로 하는 이자 계산 방법으로 계산된 이자를 말합니다.

예를 들어 보겠습니다. 10000원이 있고 1년에 8퍼센트의 수익 또는 이자가 발생했다면 1년 후의 이자는 얼마이며 총금액은 얼마일까요?

10000원×8%＝800원

1년 후 총금액은 다음과 같습니다.

이자 800원 + 원금 10000원 = 10800원

그러면 이러한 계산을 5년 동안 한다면 과연 총금액은 얼마일까요?

10000원 × 8% = 800원

1년 후 총금액은 이자 800원 + 원금 10000원 = 10800원,

10800원 × 8% = 864원

2년 후 총금액은 이자 864원 + 원금 10800원 = 11664원,

11664원 × 8% = 933원

3년 후 총금액은 이자 933원 + 원금 11664원 = 12597원,

12597원 × 8% = 1007원

4년 후 총금액은 이자 1007원 + 원금 12597원 = 13604원,

13604원 × 8% = 1088원

5년 후 총금액은 이자 1088원 + 원금 13604원 = 14692원

최초 10000원을 연 8퍼센트의 투자 수익이 발생한다고 가정하고 5년간 운영했을 때 이자와 원금을 합한 총금액은 14692원이 됩니다. 최초 10000원 투자 대비 이자가 무려 4692원으로, 이는 원금의 47퍼센트에 해당되는 매우 높은 수익률이 아닐 수 없습니다. 10000원이 아니라 만약에 1000만 원이라면 어떨까요? 1469만 2000원이

며 수익은 무려 469만 2000원이나 됩니다. 여러분, 매우 놀랍지 않습니까?

이러한 복리의 모습을 잘 나타낸 것이 『The Snowball』입니다. 점점 커져 가는 눈 덩어리!

단, 여기서 중요한 것은 복리의 마술이 잘 작용하려면 오랫동안 투자해야 한다는 점입니다. 눈덩이를 굴릴수록 더 빨리 커지는 것처럼 복리 또한 지속적으로 운영해야만 복리의 마술을 경험할 수 있기 때문에 장기 투자에 적합한 투자 방법이라고 볼 수 있습니다.

복리에 대해 좀 더 계산해 보겠습니다. 이번에는 복리로 연 5퍼센트일 때와 연 10퍼센트일 때 총금액이 얼마나 차이가 나는지 알아보겠습니다. 최초 자금 10000원과 5년간의 운영 기간이라는 똑같은 조건으로 하겠습니다.

• 연 5%, 최초 자금 10000원, 5년 운영 시

10000원×5%=500원

1년 후 총금액은 이자 500원 + 원금 10000원=10500원,

10500원×5%=525원

2년 후 총금액은 이자 525원 + 원금 10500원=11025원,

11025원×5%=551원

3년 후 총금액은 이자 551원 + 원금 11025원=11576원,

11576원×5%=578원

4년 후 총금액은 이자 578원 + 원금 11576원=12154원,

12154원×5%=607원

5년 후 총금액은 이자 607원＋원금 12154원＝12761원

• 연 10%, 최초 자금 10000원, 5년 운영 시

10000원×10%＝1000원

1년 후 총금액은 이자 1000원＋원금 10000원＝11000원,

11000원×10%＝1100원

2년 후 총금액은 이자 1100원＋원금 11000원＝12100원,

12100원×10%＝1210원

3년 후 총금액은 이자 1210원＋원금 12100원＝13310원,

13310원×10%＝1331원

4년 후 총금액은 이자 1331원＋원금 13310원＝14641원,

14641원×10%＝1464원

5년 후 총금액은 이자 1464원＋원금 14641원＝16105원

놀랍지 않습니까? 투자 수익에 따라 이렇게 다르게 나올 수 있다는 것이!

다시 정리하면, 원금 10000원이 수익률에 따라 복리 계산이 되면 5년 후 아래와 같이 됩니다.

5퍼센트일 때 12761원

8퍼센트일 때 14692원

10퍼센트일 때 16105원

　자, 어떠습니까? 복리의 마술이 대단하지 않습니까? 돈을 얼마나 가지고 있느냐가 중요한 것이 아니라, 그 돈을 시간에 맡기고 또한 적당한 수익률에 투자하게 되면 돈은 눈덩이처럼 계속해서 불어나게 되어 있다는 것을 알았습니다. 왜 아인슈타인이 복리를 인류 최고의 발명품이라고 한지 아시겠죠?

앗! 돈이다!

무모한 이익을 바라는 건 투자가 아니라 투기입니다.

지금 당장은 좋아 보일지라도, 투자를 할 때는 기업이 얼마나 탄탄한지, 성장 가능성은 있는지를 따져 투자해야 합니다.

또한 아무리 성장 가능성이 높은 회사라고 해도 분산 투자하는 것이 위험을 줄이는 데 효과적입니다.

계란을 한 바구니에 담지 말라는 것은 주식 투자의 기본이죠!

기업을 믿고 투자하는 것, 사람과 기업이 함께 사는 길입니다.

벤저민 그레이엄이 가르쳐 주는 주식 투자

주가가 정당한 가치 이하로 떨어질 때 주식을 사고 가치 이상으로 상승할 때 파는 것을 가치 투자라고 합니다. 수 많은 현명한 투자자들은 시장을 예측하고 이러한 가치 결정을 통해 주식에 투자하지요. 투기와 투자의 차이는 무엇이며, 현명한 투자란 무엇인지 살펴봅시다.

워런 버핏의 가치 투자

'타이밍'과 '가치 결정'은 이익을 실현시켜 주는 중요한 요소입니다. 타이밍은 시간의 선택으로서 주식 시장의 움직임을 예측하여 주식을 매매합니다. 즉, 미래에 가격이 오를 것 같으면 주식을 사고(매수) 하락할 것 같으면 주식을 팔기(매도) 위한 예측을 말합니다. 이에 비해 가치 투자는 주가가 정당한 가치 이하로 떨어질 때 주식을 사고 가치 이상으로 상승할 때 파는 것을 말합니다. 가치 투자는 주식의 장기 보유를 우선으로 하는 투자자에게 적합한 방법이기도 합니다.

　타이밍은 예측이라는 불확실성을 가지고 있습니다. 하지만 많은 투자자들이 이에 열광하고 이를 맹신합니다. 그러다 보니 주식 전문가들의 잘못된 예측을 쉽게 받아들이고 투자 전망에 대해 항상 촉각을 세우는 것입니다. 왜 그러는 걸까요? 증권사나 투자 자문사와 같은 전문가들의 예측이 적어도 자신의 예측보다는 믿을 만하다고 느끼기 때문입니다.

그러나 수많은 투자자들이 시장 예측을 통해 수익을 낼 수 있다고 기대하는 것은 크게 잘못된 생각입니다. 왜냐하면 타이밍은 어느 누구도 예측하기 어렵기 때문입니다. 수많은 투자자들이 생각하는 타이밍이란 어찌 보면 앞에서 배운 투기가 아닐까 싶습니다.

그리고 타이밍 또는 시장 예측과 관련된 투자 방법은 많은 사람들에게 알려지기 시작하면 그 신뢰도가 떨어지기도 합니다. 그 이유는 첫째, 시간이 흐름에 따라 과거의 투자 방법에서 고려되지 않았던 새로운 조건들이 만들어지며, 둘째, 주식 시장에서 어떤 이론이 인기가 높아지면 높아질수록 이에 대중이 몰림으로써 이익 발생의 가능성이 떨어지게 되기 때문입니다. 다음의 경우를 보세요.

• 싸게 사서 비싸게 팔기—오답!

수익을 내려면 싸게 사서 비싸게 팔아야 합니다. 이것은 당연한 투자 방법일 것입니다. 하지만 모든 것이 이에 맞지 않을 수 있습니다. 때로 주식 시장은 이러한 논리를 무시하고 과거의 모든 규칙을 깨기도 합니다.

• 공식에 의한 투자 계획—오답!

주식 시장의 상승 초기에는 다양한 주식 투자의 공식이나 이론들이 쏟아져 나옵니다. 하지만 이 또한 주식 투자자들에게 실망감을 주기도 합니다.

하지만 가치 투자는 투자 방법이 좀 다릅니다. 가치 투자는 불확실한 시장 예측이 아니라 정당한 기업 가치를 고려해 주식에 투자하기 때문에 오히려 주식 시장과는 다소 거리를 둔 투자 방법이라고 볼 수 있습니다. 수많은 현명한 투자자들은 이러한 가치 결정을 통한 주식 투자를 하고 있으며 미래를 예측하는 타이밍에 의한 주식 투자를 하지 않습니다.

투자자와 투기자 사이의 실질적인 구분은 주식 시장을 대하는 태도에 있습니다. 투기자의 가장 큰 관심사는 시장 동향을 예측하고 그로부터 이익을 얻는 데 있습니다. 반면 투자자의 가장 큰 관심사는 타당한 가격의 적절한 주식을 보유하는 데 있습니다. 투자자에게 시장 동향은 매수가 적당하다고 판단되는 주가 수준이지 무조건적인 저가가 아니라는 것입니다.

투기자들은 자기가 산 주식이 오를 것을 예측하고 주식을 삽니다. 그리고 주가가 오르면 파는 투자 전략을 사용하는데, 안타깝게도 이 전략이 맞는 경우는 그리 많지 않습니다.

반면 투자자들은 자기가 산 주식이 당장 오르는 것에 그다지 관심을 가지지 않습니다. 투자한 기업에 대해 신뢰하고 그 기업이 지금보다 더 큰 회사가 될 수 있을 때까지 기다리는 투자 전략을 이용하기 때문에 주가의 변동성에 일희일비하지 않습니다. 하지만 투자자에게 돌아오는 수익은 투기자들에 비해 매우 높다는 것이 특징이기도 합니다.

투자자는 자기가 산 주식 가격이 변동할 것을 예상하고 있어야 하며, 큰 폭의 가격 상승에 흥분해서는 안 될 것이며, 큰 폭의 가격 하락에 대해서도 슬퍼하지 말아야 합니다. 투자자는 시장 시세의 상승과 하락을 지켜보며 그 자리에 존재한다는 것을 기억해야 합니다. 투자자는 결코 주가가 올랐다거나 내렸다는 이유만으로 주식을 사거나 팔아서는 안 된다는 것입니다.

'큰 폭의 상승 직후에 주식을 사지 말고 큰 폭으로 하락한 직후에 팔지 말라!'

올바른 투자자라면 자신이 군중과 정반대로 움직이고 있다는 사실에서 만족감을 느낄 것입니다.

워런 버핏은 위의 내용과 같이 한 기업에 투자하고 이를 오랫동안 소유하는 투자 전략을 따랐는데, 이는 타이밍에 의한 투자가 아닌 가치 결정에 의한 투자였다고 했습니다. 이를 통해 워런 버핏은 막대한 부를 창출한 동시에 금세기 최고의 투자의 현인으로 남게 되었습니다.

주식 시장은 분명히 기업과 투자자들에게 가치를 창출하는 무한한 공간이기도 하지만, 이를 잘못 이용하거나 악용할 경우 무서운 도박장이 될 수도 있는 시장임을 우리는 명심해야 합니다.

코스트 애버리징에 대해 알려 주세요!

코스트 애버리징(cost averaging)이란 매달 동일 종목 또는 여러 기업의 주식을 똑같은 액수로 매수하는 것을 말합니다. 정액 투자법은 투자자가 잘못된 시기에 매수를 확대하는 것을 막아 주는 효과가 있습니다. 다시 말해 상승 장세에서는 큰 수익을, 하락 장세에서는 리스크 방어를 할 수 있어서 뉴욕 증권 거래소에서는 이 투자법을 권장한다고 합니다.

정액 투자법에 대해 좀 더 자세히 말하겠습니다. 이 투자법은 주식 시장의 흐름과는 상관없이 주식의 평균 매입 단가를 낮추게 되어 위험 감소와 수익 증가를 노릴 수 있는 효과적인 매매 행위입니다.

예를 들면서 설명하겠습니다. 매월 10000원씩 정해진 날에 한 기업의 주식을 매입한다고 가정하겠습니다. 여러 가지 경우가 있겠지만 주식 가격의 상승이 지속적으로 이루어질 때와 하락 후 상승할 때 두 경우의 표와 식을 살펴보겠습니다.

먼저 주식 시장에서 지속적으로 상승이 이어지는 경우를 들어 보겠습니다. 주당 100원이었던 것이 6개월간 매월 10원씩 상승하면서 주가는 무려 50퍼센트 상승을 보였습니다. 그러나 주식에 투자하는 돈은 매월 10000원으로 변하지 않았습니다. 이렇게 투자한 돈이 60000원이 되었고 보유 주식 수는 총 489주가 되었습니다. 현재 주가 150원일 때의 총적립금과 수익률을 검토하니 역시 122퍼센트의 높은 수익률을 보여 주었습니다.

구분	투자 금액	현재 주가	주식 수
첫 번째 월	10000원	100원	100
두 번째 월	10000원	110원	91
세 번째 월	10000원	120원	83
네 번째 월	10000원	130원	77
다섯 번째 월	10000원	140원	71
여섯 번째 월	10000원	150원	67

현 주가가 150원일 때 총투자 금액과 수익률은 어떻게 될까요?

주식 수×현재 주가＝489주×150원＝73389원

총수익률은 73389원/60000원×100%＝122%

이번엔 주식 가격이 하락 후 다시 상승하는 경우를 보겠습니다. 주가 100원이었던 것이 6개월간 10원씩 매월 하락과 반등을 하면서 주가는 약간의 하락률을 보였습니다. 역시 주식에 투자하는 돈은 매월 10000원으로 변하지 않았습니다. 이렇게 투자한 돈은 60000원이 되었고 보유 주식 수는 총 715주가 되었습니다. 상승장보다 주가가 약하기 때문에 보유 주식 수는 늘어난다는 것을 알 수 있습니다. 이때 현 주가가 90원일 때 총투자 금액과 수익률은 어떻게 될까요?

주식 수×현재 주가=715주×90원=64357원
총수익률은 64357원/60000원×100%=107%

총적립금과 수익률을 검토해 보니 수익률이 107퍼센트로 낮았습니다. 하지만 하락 장세에서 수익이 나온다는 것은 그만큼 안정성과 공격성을 동시에 갖춘 투자 기법이라고 할 수 있습니다.

구분	투자 금액	현재 주가	주식 수
첫 번째 월	10000원	100원	100
두 번째 월	10000원	90원	111
세 번째 월	10000원	80원	125
네 번째 월	10000원	70원	143
다섯 번째 월	10000원	80원	125
여섯 번째 월	10000원	90원	111

지금까지 코스트 애버리징에 대해 간략하게 사례를 들어 설명했

습니다. 주식 시장의 흐름과 상관없이 매월 정기적으로 주식을 살 경우 주가의 등락에 따라 살 수 있는 주식 수가 달라지게 되며, 주가가 낮을 때 오히려 싸게 주식을 많이 살 수 있음으로써 향후 주가가 올라도 수익률은 높게 나올 것이고, 반면 주식 시장이 좋지 않아도 평균 매입가에 보유 주가가 맞추어지므로 안정성 또한 뛰어나다는 것을 알게 되었습니다.

따라서 코스트 애버리징 효과를 제대로 보기 위해서는 단기간의 투자보다는 투자 자금이 적더라도 투자 기간을 길게 잡음으로써 수익을 극대화할 수 있음을 명심해야 합니다.

분산 투자 하기

많은 투자자들은 수익과 안정성을 동시에 갖다 줄 수 있는 투자 방법을 희망하지만 이에 대한 답을 얻기란 쉽지 않습니다. 지금부터 말하려고 하는 **분산 투자**는 수익과 안정성을 모두 만족시켜 줄 수 있는 투자 전략입니다. 그리고 복잡한 주식 차트 분석이나 재무제표와 같은 거창한 수리 내용을 분석하지 않아도 되는, 손쉽게 배울 수 있는 투자 전략이기도

분산 투자
때로 분산 투자는 조금씩 시간을 나누어서 자산을 투자하는 것을 의미하기도 합니다.

합니다.

분산 투자란 유가 증권의 위험성을 최소화하는 투자 과정 또는 행위를 말하며, 투자 자금을 안전하고 유리하게 그리고 손실을 최소

화할 수 있는 최선의 방법으로 분산 또는 배분하는 투자 행위를 결정하는 것입니다. 또한 분산 투자는 같은 위험 수준에서는 보다 높은 수익률을, 같은 수익률 수준에서는 보다 작은 위험을 가져다주는 투자 전략이기도 합니다. 다시 말해 분산 투자는 수익과 위험 두 가지를 동시에 고려한 투자 전략이라고 볼 수 있습니다.

나는 분산 투자를 보수적인 투자의 확고한 신조라고 말했습니다. 분산 투자를 보편적으로 수용함으로써 투자자들은 분산 투자와 연관 관계가 있는 안전한 수익 원칙을 이해하게 된다고도 했습니다.

일반적으로 투자자들은 수익이 높게 나기를 간절히 바랍니다. 나는 안전한 수익의 개념은 투자와 투기를 구별하는 시금석 역할을 한다고 누누이 강조했습니다. 대부분의 투기자들은 거래의 기회가 생길 때 승산이 있다고 믿으며 그들의 거래에도 안전한 수익이 있다고 주장합니다. 그들은 자신의 매입 시기가 적절하고 매매 기업은 일반 대중보다 우위에 있으며 자신의 조언자나 시스템은 믿을 만하다고 생각하지만, 그런 주장은 믿을 만하지 못합니다. 왜냐하면 그들의 주장은 어떠한 형태의 증거나 결정적 추론에 따른 것이 아니라 순전히 주관적 판단에 의존하기 때문입니다.

주식 시장은 언제나 공식적이거나 이론적으로 움직이지 않습니다. 때론 상식을 벗어나는 현상을 보이기도 합니다. 따라서 어느 투자자가 자기만의 확고한 투자 이론이 어디로 튈지 모르는 주식 시장에 맞아떨어진다고 주장한다면 이는 크나큰 실수가 아닐 수 없을 것입니다. 이러한 불규칙적인 주식 시장에 대해 항상 의심하는 투자 전략이 필요하며, 주식 시장의 등락에도 최소한의 수익률 등락 폭을 가지고 갈 수 있는 투자 전략이 필요합니다. 이것이 바로 분산 투자입니다. 분산 투자는 많은 수익을 내는 것이 아닙니다. 단지 손실을 최소화하는 투자 전략입니다. 이것이 분산 투자의 진정한 의미입니다.

분산 투자는 사고 싶은 기업의 주식 가격이 상승할 것이라는 기대감으로 그 기업에만 투자하는 것이 아니라 여러 기업으로 나누어서 투자하는 것을 말합니다. 이러한 투자 전략을 이용하고 있는 것이 펀드입니다. 펀드는 여러 가지 형태로 운영되고 있습니다. 그중에서 분산 투자에 맞는 펀드는 인덱스에 포함된 기업에 투자하는 펀드입니다. 일명 인덱스 펀드라고도 하지요. 앞 장에서 배웠듯이 인덱스는 업종 대표 기업들을 KOSPI200으로 모아 둔 것을 말하며, 인덱스 펀드는 이러한 KOSPI200에 있는 기업들에 투자하는 펀드를 말합니다. 실제로 이 펀드는 다른 테마성을 가지고 있는 펀드에 비해 수익률이나 손실의 등락 폭이 작다는 것이 특징입니다.

분산 투자야말로 주식 시장의 급락이 일어날 경우 자신의 투자 자금의 수익과 안정성을 확보하게 하며 롱런의 비결이라는 것을 여러분에게 다시금 강조하는 바입니다.

주식에서 이익을 실현할 때 가장 중요한 것이 타이밍과 가치 결정입니다.

하지만 타이밍은 투자자들이 쉽게 예측하기 어렵죠.

언제 떨어질지 알 수 없으니, 원!

가치 결정이란 주가가 일정 가치 이하로 떨어질 때 사들이고, 일정 가치 이상으로 상승할 때 파는 것을 말합니다.

불확실한 주식 시장에 대응하기 위한 방법 중 가장 효과적인 것이 바로 정액 투자법입니다.

이렇게 미리 준비해 두면 걱정할 필요가 없죠!

급변하는 주식 시장에서 수익과 안정을 둘 다 얻을 수 있는 방법은 분산 투자입니다! 잊지 마세요~.

분산투자

전설적인 3인의 투자자들

• 존 템플턴

"싸게 사서 비싸게 판다."

존 템플턴은 우량주를 낮은 가격에 매입할 수 있는 기회는 비관론이 극에 달했을 때라고 했고, 그것을 증시의 붕괴이자 10년에 두세 번 오는 중요한 기회로 보았습니다. 존 템플턴은 역사 속에서 반복되는 증시 버블과 대폭락의 리듬 속에서 일반 투자자들이 저지르는 실수를 이용하여 큰 수익을 냈던 인물이지요. 역발상의 대가 존 템플턴의 투자 철학은 싸게 주식을 사는 것으로부터 출발합니다. 1997년 우리나라의 외환 위기와 미국의 9·11테러 때처럼 어떤 자산이 확실하게 싸게 팔리는 순간은 시장의 불안감이 극에 달해 자산의 투매 현상이 일어나는 때라고 했습니다. 그래서 존 템플턴은 평생 시장이 패닉에 빠진 상태를 기다렸다고 합니다. "어디가 전망이 가장 좋으냐가 아니라, 어디가 가장 전망이 최악인가를 물어야 한다"라고 한 데서도 그의 투자 철학을 엿볼 수 있습니다.

• 피터 린치

피터 린치는 주식 투자를 하는 사람들에겐 주식 투자의 본보기이며, 지난 10년간 100만 고객에게 25배의 투자 수익을 올려 준 전설적인 투자 영웅이기도 합니다. 피터 린치는 미국 최대 뮤추얼 펀드인 피델리티 마젤란 펀드의 디렉터로 소규모 펀드에 불과했던 마젤란 펀드를 미국 최대 펀드로 발전시켰으며 자신도 최고의 펀드 매니저라는 명성을 얻게 되었습니다.

피터 린치는 워런 버핏처럼 좋은 회사를 일찍 발굴해서 시장이 제대로 평가할 때까지 장기 보유하는 방식의 투자를 했습니다. 하지만 워런 버핏이 신중하게 선택한 소수 회사의 주식을 거의 통째로 구입해 버렸던 것과 달리 그는 상대적으로 많은 종류의 주식을 보유했습니다. 심지어 '피터 린치가 갖고 있지 않은 주식도 있느냐'는 농담이 있을 정도로 그는 많은 회사의 주식을 구입했지요.

"대다수 사람들은 모두가 주식에 관심을 가질 때 주식에 관심을 갖는다. 하지만 정작 주식에 관심을 가져야 할 때는 아무도 주식에 관심을 갖지 않을 때이다."

"나는 주식 시장이 내일, 다음 주, 또는 내년에 어떻게 될지 모른다. 그러나 10년이나 20년에 걸쳐 강세장도 있고 약세장도 있을 것이란 사실은 알고 있다. 핵심은 시장이

• 워런 버핏

우리를 당황시켜 잘못된 행동을 하게 하도록 내버려 두기보다 시장을 적극 이용해야 한다는 것이다."

열한 살 때 투자를 시작하여 지금은 세계 최고의 부자, 살아 있는 전설적인 투자자로 유명한 인물입니다. 더 이상 말이 필요 없는 유명한 사람이지만, 이러한 수식어조차 빛바래게 하는 것은, 그의 검소하다 못해 인색한 생활과 그가 전 재산의 85퍼센트를 사회에 환원한, 역사상 가장 많은 재산을 기부한 자선가라는 점입니다.

에필로그

"주식 투자는 사회와 기업을 잇는
중요한 돈의 흐름입니다"

지금까지 우리는 주식 투자에 대해 같이 공부했습니다. 수업을 마무리하면서 저는, 세계 유수의 부자들은 아주 어렸을 때부터 경제 시스템과 자본주의 그리고 투자에 대해 몸소 체험하면서 성장했다는 것을 말하고 싶습니다.

우리는 그동안 학교에서 입시에 관련한 내용을 공부해 왔습니다. 이렇게 해서 대학에 들어가면 경제학을 비롯한 수많은 지식을 습득하고 사회에 나오게 됩니다. 그런데 그렇게 오랫동안 공부했음에도 불구하고 월급 통장 관리를 잘못하여 부채를 짊어지기도 하고, 섣부른 창업으로 큰 실패를 맛보거나 때론 주식 투자를 쉽게 접하다 큰 손실을 입기도 합니다. 앞으로 여러분이 어른이 되었을 때 이 이야기들이 여러분과 절대로 상관없다고는 장담하지 못할 것입니다.

그렇다면 왜 이런 일들이 생길까요?

그것은 어른이 되어서야 '돈'이라는 것을 알게 되기 때문입니다.

돈을 벌려면 성실하게 일해야 합니다. 그러나 어른이 되면 땀 흘려 번 돈을 너무나 쉽게 소비합니다. 예를 들어 좋은 차를 산다든가 아니면 갖고 싶은 물건들을 산다든가, 또는 무지한 재정 관리로 돈을 모으지 못한다든가 등등.

어렸을 때부터 돈에 대해 현명한 습관을 가져야 합니다. 무조건 저축만 하는 것도 좋은 방법은 아닙니다. 그렇다고 아무런 생각 없이 돈을 소비하는 것은 더더욱 올바른 방법이 아닐 것입니다.

세계적으로 유명한 부자이자 **노블레스 오블리주**를 실천한 사업가가 있었습니다. 그는 자녀들에게 용돈을 주면 세 가지로 분류해 돈을 사용하도록 했습니다. 첫 번째 돈은 저축이나 투자를 목적으로, 두 번째 돈은 사고 싶은 것을 사는 데, 세 번째 돈은 주변 사람을 돕는 일에 나누어 사용하게 한 것입니다.

> **노블레스 오블리주**
> 사회 고위층 인사에게 요구되는 높은 수준의 도덕적 의무를 말합니다.

이 사람은 누구일까요? 바로 강철왕 앤드루 카네기입니다. 그는 많은 돈을 벌었으며 그 돈을 세상에 기부한 사람입니다. 우리가 잘 알고 있는 빌 게이츠, 워런 버핏 등과 함께 인류 역사상 가장 많은 기부를 한 사람 중 하나이지요.

우리 인간은 아주 옛날에는 채소와 과일을 채취하고 물고기와 동물을 잡으면서 자급자족하다가 차츰 발전하여 농사를 지었습니다. 그러나 지금은 돈을 벌어서 살아가는 시대가 되었습니다. 다시 말해 인간은 시대에 맞는 경제 환경 속에서 살아간다는 것입니다. 그렇다면 여러분도 돈에 대해 절대로 무관심해서는 안 될 것입니다.

　저는 올바른 소비 습관, 저축하는 습관, 투자하는 현명한 습관 중투자하는 현명한 습관을 여러분에게 강조하고 싶습니다. 올바른 소비 습관과 저축하는 습관은 부모님에게서 배웁니다. 하지만 투자하는 현명한 습관은 배우지 못하고 있는 것이 안타깝게 느껴집니다.투자하는 현명한 습관을 어렸을 때부터 배우게 되면 어른이 되었을때 현명한 부자가 될 수 있습니다. 그리고 돈에 대한 지혜를 얻을 수있습니다.

　주식 투자는 단순히 수익을 내기 위한 행위가 아닙니다. 주식 투자는 사회와 기업을 이어 주는 가장 중요한 돈의 흐름이자 돈의 흐름의 원천이기도 합니다. 기업에 돈을 투자해야 기업에서 좋은 물건을 만들어 팔게 되고, 사람들은 이를 사서 사용함으로써 삶이 윤택해집니다. 이와 더불어 기업에서 일하는 구성원들은 회사에서 제공하는 여러 가지 복지 시스템을 통해 행복한 삶을 누릴 수 있고, 이들은 지역 경제의 소비 주체가 되어 지역 경제를 발전시키게 됩니다. 세금을 많이 걷게 되어 지역 경제가 풍요로워지면 다시 지역 주민들에게 다양한 복지를 실현하게 되어 모두가 잘살 수 있게 됩니다.

바로 우리가 꿈꾸는 사회와 기업의 가치는 이렇듯 아주 중요한 관계를 가지고 있습니다. 바로 이러한 중요한 가치 즉 가치 사슬의 원천에 투자 또는 주식 투자가 있습니다. 이러한 흐름을 이해한다면 과연 투기를 해야 할까요? 아니면, 현명한 투자를 해야 할까요? 투기는 어디까지나 개인의 탐욕이지만, 투자는 모든 사람의 꿈을 실현시켜 줄 수 있는 공공의 이익이라고 볼 수 있습니다.

참고로 경제학은 이러한 본질 위에서 그 내용을 보다 깊게 포괄적으로 다루는 학문입니다. 내가 이야기했던 것이 바로 이러한 경제의 본질이며, 이를 잘 지킨 제자가 워런 버핏이지요.

자, 여러분도 돈을 좀 더 깊이 이해해 주었으면 합니다. 단순히 물건을 사고 저축하는 것만이 돈의 기능이 아닙니다. 여러분의 작은 돈이 기업에 투자될 때 세상이 윤택해질 수도 있다는 것을 이해해 주기를 진심으로 바라면서 이 강의를 마치도록 하겠습니다. 어렸을 때부터 현명한 투자 습관을 가지길 바라며!

2010학년도 수능 9월 모의 평가

다음 자료의 밑줄 친 ㉠~㉢에 대한 추론으로 옳지 않은 것은? [2점]

> 우리나라에서 ㉠자본 시장 개방 이전에는 주식 투자 자금의 이동이 제한되어 있어서 원/달러 환율은 순수출 실적과 밀접한 관련이 있었다. ㉡자본 시장 개방 이후에는 ㉢주식 투자 자금의 유출입이 커지면서 환율은 순수출 실적보다 주식 투자 자금의 유출입에 의해 더 큰 영향을 받게 되었다.

① ㉠ 시기에 환율 상승은 수출 증가를 통해 수출 기업의 주가를 상승시키는 요인이다.

② ㉠ 시기에 순수출 증가는 외환 유입을 통해 환율을 하락시키는 요인이다.

③ ㉡ 시기에 주식 투자 자금 유입은 환율을 상승시키는 요인이다.

④ ㉡ 시기에 주식 투자 자금 유출은 자본 수지 적자 요인이다.

⑤ ㉢은 환율과 주가를 서로 반대 방향으로 움직이게 하는 요인이다.

2010학년도 수능 9월 모의 평가 답 ③

지문을 보면 자본 시장 개방 이전에는 환율이 순수출 실적에 영향을 받고 자본 시장 개방 이후에는 주식 투자 자금의 유출입에 큰 영향을 받는다고 제시되었습니다. 따라서 자본 시장 개방 이전의 환율 상승은 수출을 증가시키고, 수출 증가는 곧 실적으로 이어져 기업의 주가를 상승시킵니다. 또한 이 시기의 순수출의 증가는 외환 공급을 증가시켜 환율을 하락시킵니다. 자본 시장 개방 이후에 주식 투자 자금의 유출은 외화 수요가 증가하는 것이므로 자본 수지 적자의 요인이 됩니다. 또 이 시기의 외화 공급 증가는 투자 자금 증가로 이어져 국내 경제를 활성화시키므로 주가도 상승하게 됩니다. ③에 제시된 추론은 옳지 않습니다. 이 시기의 주식 투자 자금 유입은 외화 공급의 증가이므로 환율은 하락하게 됩니다.

● 찾아보기

역사공화국 한국사법정 (전 60권)
세계사법정 (31권 출간)

교과서 속 역사 이야기, 법정에 서다!
법정에서 펼쳐지는 흥미로운 역사 이야기

흔히들 역사는 '승자의 기록'이라 말합니다. 그래서 대부분의 역사 교과서나 역사책은 역사 속 '승자' 만을 중심으로 이야기하지요. 그렇다면 과연 역사는 주인공들만의 이야기일까요?

역사 속 라이벌들이 한자리에 모여 재판을 벌이는 역사공화국 한국사·세계사법정에서는 교과서 속 역사 이야기가 원고와 피고, 다채로운 증인들의 입을 통해 소송을 벌이는 '법정식' 구성으로 극적 재미를 더하고 있습니다. 이를 통해 독자는 역사 속 인물들의 치열한 공방을 따라가며 역사를 입체적으로 살펴볼 수 있습니다.

경제학자가 들려주는 경제 이야기 17

주식 투자를 해 볼까요!

© 안동훈, 2013

초판 1쇄 발행일 2013년 2월 13일
초판 4쇄 발행일 2021년 2월 5일

지은이   안동훈
그린이   조규상
펴낸이   정은영

펴낸곳   (주)자음과모음
출판등록   2001년 11월 28일 제2001-000259호
주소   04047 서울시 마포구 양화로6길 49
전화   편집부 02) 324-2347 경영지원부 02) 325-6047
팩스   편집부 02) 324-2348 경영지원부 02) 2648-1311
이메일   jamoteen@jamobook.com

ISBN 978-89-544-2568-1 (44300)